［法］奥斯卡－克劳德·莫奈《巴黎罗浮宫码头》

巴黎的魅力是永远也不会消失的。凡是在那儿住过的人对它都有着丰富多彩的情怀。不管你是谁，不管这座城市发生了什么变化，你离开了巴黎后一定还会回去——不管遇到什么困难，你一定会回去的！巴黎值得你留恋和向往——在那儿你耕耘，必定会有回报！

[法] 奥斯卡－克劳德·莫奈 《塞纳河畔》

在塞纳河畔，看一看人们钓鱼，欣赏一下河上的景色——漂亮的驳船上一片忙碌的景象；拖轮拖曳着一长列驳船，从桥下通过时，拖轮的烟囱便自动向后折叠；河边石堤上生长着高大的榆树、梧桐树，有些地方则是白杨——这时的我一点也不感到孤独。

［法］保罗·塞尚　《玩纸牌的人》

我们有时会到旅馆的餐厅里用纸牌赌博，每星期一两次——赌博时会门窗紧闭，因为聚赌在奥地利是严令禁止的。我的赌伴有旅馆老板内尔斯先生、阿尔卑斯山滑雪学校的伦特先生，还有镇上的一位银行家、一位检察官和一位警官。

［法］皮埃尔·奥古斯特·雷诺阿　《新桥》

在西岱岛的西端，新桥南面，矗立着亨利四世的雕像。西岱岛的西端尖尖的，像一只船的船头。那儿有个临水小公园，公园里有许多漂亮的参天栗树，绿荫如盖。

[法]爱德华·莱昂·科尔特斯 《卖书摊街景》

码头上有一些书摊，有时可以在书摊上发现刚出版的美国书，价钱很便宜。银塔饭店就在跟前，楼上有客房供客人住，房客吃饭时享受打折优惠。如果房客把自己看的书留在了房间里，服务生就会把书拿到近旁的书摊去卖，你花几个法郎就可以从女摊主手中将书买来。

［法］奥斯卡－克劳德·莫奈　《傍晚的塞纳河畔》

“我写作的时候就像一头瞎了眼的猪。”

“难道没有身处深山老林的感觉吗？”

“有一种身处灌木丛里的感觉。”

［荷兰］文森特·威廉·凡高　《夜间的咖啡馆》

我心想：每一代人都有自己的“迷惘”，
过去如此，今后也必然如此。

［荷兰］文森特·威廉·凡高　《夜间的露天咖啡座》

年轻的我们生活在巴黎这样一座历史悠久的城市里，一切都并不简单——甚至贫穷、意外之财、月光、是与非以及那在月光下伴你睡眠的人，都有着不平凡的故事。

流动的盛宴

A Moveable Feast

[美]海明威　著
方华文　译

陕西师范大学出版总社

图书代号：WX22N0475

图书在版编目（CIP）数据

流动的盛宴 /（美）海明威著；方华文译 .— 西安：陕西师范大学出版总社有限公司，2022.5

ISBN 978-7-5695-2570-0

Ⅰ.①流… Ⅱ.①海… ②方… Ⅲ.①散文集－美国－现代 Ⅳ.①I712.65

中国版本图书馆 CIP 数据核字（2021）第 244893 号

流动的盛宴

LIUDONG DE SHENGYAN

［美］海明威 著 方华文 译

出 版 人 刘东风
责任编辑 宋媛媛
特约编辑 贺云娇
责任校对 王西莹
封面设计 吴黛君
出版发行 陕西师范大学出版总社
（西安市长安南路 199 号 邮编 710062）
网 址 http://www.snupg.com
印 刷 大厂回族自治县德诚印务有限公司
开 本 620mm×889mm 1/16
印 张 13
字 数 144 千
版 次 2022 年 5 月第 1 版
印 次 2022 年 5 月第 1 次印刷
书 号 ISBN 978-7-5695-2570-0
定 价 49.00 元

译 序

这本书是海明威的遗稿，是他死后在他家的故纸堆里发现的。书中记载了他作为“巴漂族”[1]的一员，为了理想坚持不懈努力奋斗的坎坷历程。那时候国际上流传着一种说法：要想成为国际性的大腕，无论是文学方面的巨擘还是艺术领域的佼佼者，就应该到巴黎去“混一混”，因为那儿是文学艺术之都。于是，海明威夹裹在滚滚人流中横渡大西洋来到了个这个叫他魂牵梦绕的大都市。在这个族群里，有已经小有所成的西班牙画家毕加索，有《了不起的盖茨比》的作者司各特·菲茨杰拉德，《尤利西斯》的作者詹姆斯·乔伊斯和意象派诗歌运动的代表人物庞德等。他们怀揣梦想（极其美好的梦想），但现实却是那般“骨感”——即便前途似锦，可是眼下却要为生存着恼（有地方住吗？有饭吃吗？），正是括号里的这两点往往令英雄们泪湿衣襟。不过，他们抱团取暖，相互勉励，陆续在自己的领域干出了天大的事业——画画的画出了《格尔尼卡》那样的惊世之作，写作的写出了《太阳照常升起》这般万古流芳的传世之作。如今，我们欣赏这些名画、阅读这些

[1] 指在巴黎苦苦挣扎和奋斗的群体。

佳作时，心里不禁会问：20 世纪 20 年代那些在巴黎漂泊的毛头小伙子们是怎么将自己历练成了大师的？看完这本书，你心里可能会有一个答案。

海明威和成千上万“巴漂族”的成员一样，经济极其拮据，只好蜗居在贫民区，过着食不果腹的穷日子。他不是没有才华，而是太有才华了，于是就产生了野心，毅然放弃了原先衣食无忧的新闻记者的工作，宁肯饿得“前胸贴后背”，也要一圆自己当小说家的梦。在巴黎，他靠出售短篇小说为生。一旦小说卖不出去，他就得饿肚子。在腹中无食的情况下，他最怕的就是食物的诱惑，于是他出门就拣没有饭馆的街道走，因为饭馆里飘出的饭菜香味实在叫他受不了。他有着重量级拳击手的体格，饭量大，吃进肚子里的东西却少得可怜！为了解决这个难题，他就拼命写作，越写越“狂”，质量越来越好，最终……

是的，他成功了，他的小伙伴们也功成名就，否则老天就太不公平了。

海明威写的短篇小说极多，内容极为丰富。在长篇小说创作方面，他也业绩辉煌，除了《太阳照常升起》，另外还有《永别了，武器》《有的和没有的》《丧钟为谁而鸣》和《过河入林》等。但真正使他留名世界文学史的是他的中篇小说《老人与海》。《老人与海》1952 年出版，翌年他便荣获普利策奖，1954 年获得了诺贝尔文学奖。

海明威的长篇小说并不多，但他的小说思想性强，令人回味无穷，赢得了成千上万的读者。美国著名史学家威勒德·索普曾在《二十世纪美国文学》中写道：“尽管海明威的小说要隔很长时间才出版一本，但是在一本新小说出版之前几个月就已经引起了人们的争论，并且这种争论在小说出版后几个月还在继续进行。”海明威的作品大受欢迎，除了“写实”之外，还有一个原因，就是其中充溢着美国人所喜欢的“阳刚之气”。他以高超的艺术手段塑造了一个个敢作敢为的英雄好汉。正如我国学者于冬云在评论文章中所言：“所谓海明威的文体风格，即赫·欧·贝茨所称道的简洁、干净、含蓄、凝练。这是一种‘绝不矫饰’‘平易粗放、街头硬汉般的文风’，他尤其擅长用‘那种公牛般的、出于本能的、缺少思想的语言’来陈述他故事中的那些猎人、渔夫、斗牛士、士兵、拳击者的思想和行为。福柯认为，影响和控制话语运动的最根本因素是权力。现代社会语言学研究也发现男性语体和女性语体是有区别的，男性语体是一种有力语体，女性语体则是一种无力语体。以此标准来重新审视贝茨一再称颂的海明威的文体风格，便不难发现在这种简洁粗硬的文风下掩盖的是男性权力特征。从早期创作开始，海明威就有意识地选择了这样一种叙事文体，并坚持使用了一生。因此，我们完全有理由说海明威的叙事文体是一种典型的男性话语方式。”

获奖后，海明威患有的多种疾病，给他的身心造成极大的痛苦，没能再创作出很有影响的作品，这使他精神抑郁，形成了消极悲观的情绪。1961 年 7 月 2 日，蜚声世界文坛的海明威用自己的猎枪结束了生命。整个世界都为此震惊，人们纷纷叹息这位巨匠的悲剧。美国人民更是悲悼这颗美国文坛巨星的陨落。在这个总统死了都不会举国哀痛的国家，海明威何以能令全国上下“沉浸在哀痛之中”？就凭他独特的作品，就凭他那硬汉精神！海明威本人及其笔下的人物影响了整整一代甚至几代美国人，人们争相仿效他和他作品中的人物。他就是美国精神的化身。人们在为这种精神哭泣。

方华文

目录
CONTENTS

第一章

圣米歇尔广场的一家惬意的咖啡馆

天公老是不作美。秋天一过，坏天气便会接踵而至。夜里睡觉得关窗户以防风雨。寒风吹来，使得康特斯卡普广场树上的叶子尽数飘落，浸泡在雨水里。风裹着雨扑向汽车终点站，击打在巨大的绿色公共汽车上。业余爱好者咖啡馆里人满为患，热气腾腾，烟雾缭绕，弄得窗户玻璃上都结了一层水雾。这家咖啡馆经营方略欠佳，来的都是些当地的酒鬼，对于它，我望而却步，怕闻酒鬼身上的恶臭味以及难闻的呕吐物。那些狗男女逗留于这家咖啡馆，一醉方休，有钱就块儿八毛地买酒喝，非花个囊空如洗不可。这里陈列有名目繁多的开胃酒，但由于钱囊羞涩，问津者寥寥——有些人即便饮几口，也只是作为开杯的垫底酒，此后还要靠廉价酒为续。至于女酒鬼，人称“Poivrottes”，意思是嗜酒如命的女人。

业余爱好者咖啡馆是个藏垢纳污的场所，地处穆浮塔街——

穆浮塔街是一条别开生面的市场街，狭长、热闹，一直通往康特斯卡普广场。街上坐落着许多老式公寓房，配有蹲式厕所，每层楼的楼梯旁都有一间，在蹲坑两边各有一个刻有防滑条的鞋形水泥踏脚，以防如厕人滑倒。这些蹲式厕所把粪便排入粪便池，夜间用泵抽进马拉的运粪车里。一到夏天，住家户敞开窗户，就会听到抽粪的声音，闻到扑鼻的臭味。运粪车一般都漆成棕色和橘黄色，月夜驶上勒穆瓦纳主教街，它们那马拉的车以及车上装粪便的圆筒简直就像一幅布拉克[1]的油画。可是，业余爱好者咖啡馆的污秽物却无人清理，墙上贴了张告示，列有禁止在公众场所酗酒的条款和惩罚的措施，已经发黄，沾满蝇屎，没人理睬，就像这里的顾客一样固若金汤，像顾客一样散发出难闻的气味。

第一场寒冷的冬雨过后，巴黎城气氛大变，一片萧瑟的景象，走在街上，观赏那些高大白房子时，已看不见它们的顶篷，目之所及尽是又潮湿又阴暗的街道、关门闭户的小商铺、草药店、文具店和报亭，还有那个接生婆下榻的二流旅馆——魏尔伦[2]就是在这家旅馆离开了人世，而我在这家旅馆的顶层包了个房间写作时用。

到顶层得爬六七段或七八段楼梯。我的房间冷得像冰窖，必

[1] 法国著名画家，曾于1914年同毕加索一道发起立体主义绘画运动。
[2] 法国19世纪象征派诗人。

须去买一捆细枝条和三捆用铁丝扎好的半支铅笔那么长的短松木劈柴，然后用细枝条引火点着那些劈柴，再添上一捆半干半湿的硬木，这才能叫房间暖和起来。但我知道这笔花销肯定不菲，于是便走到街对面，抬头观望雨中的屋顶，看那些烟囱是否在冒烟以及冒出来的烟是浓还是淡。结果发现那儿不见任何冒出来的烟，于是我不禁心想：烟囱是冷的，不通风，假如在房间里生火，一定会弄得满屋子都是烟，白白浪费燃料，花出的钱还不是都会打水漂。想到这里，我就冒雨举步继续前行，走过亨利四世公立中学，走过古老的圣埃德尼杜蒙教堂和狂风呼啸的先贤祠广场，然后向右拐想找个躲雨的地方，最后来到圣米歇尔林荫大道背风的一侧，沿着大道继续向前经过克吕尼教堂和圣日耳曼林荫大道，一直走到圣米歇尔广场上一家我熟悉的惬意的咖啡馆。这里叫人心情愉快，又暖和又干净，待客热情友好。我把我的旧雨衣挂在衣架上晾干，摘下那顶饱经风雨、已破旧不堪的毡帽放在座位旁边的帽架上，叫了一杯牛奶咖啡。侍者把咖啡送来后，我从上衣口袋里取出一本笔记簿和一支铅笔，便开始写作，写的是密歇根州北部的故事。这是一个风雨交加的日子，寒气逼人，与故事里的那个日子颇为相似。我经历了童年、少年和青年时期，看惯了秋去冬来的景象。写故事写自己身处的环境要比写别的环境更有味道，这叫作“身临其境”，我觉得不管面前的是人还是蓬勃发展的事物都是如此。不过，故事里的主人公是些小伙子，他们正在开怀痛饮，这引得我馋虫拱动，于是便叫了杯圣詹姆斯牌朗姆酒。大冷天喝上几口朗姆酒，感觉特别好。我拿起笔继续写作，感到爽极了——那马提尼克[1]产的朗姆酒涌遍了我的全身，使我的身和心都暖和了起来。

一个女孩走进咖啡馆来，独自在一张靠窗的桌子边坐下。她有一副沉鱼落雁的容貌，一张脸儿清新秀丽，像一枚刚刚铸就的硬币（那是用吹弹可破、平展细腻、经雨水洗过的皮肤铸造的硬币），一头黑发如乌云一般，修剪得整整齐齐，斜掠过前额。我见了心里一动，不由激动起来，很想把她写进手头的这篇故事里或者别的什么作品里。不过，她坐在那里观望着街上以及咖啡馆的入口处，显然在等人。我见了，便知趣地又继续写我的东西。

写作归写作，但我心不在焉，思绪难以安定下来。我又叫了一杯圣詹姆斯朗姆酒提神，眼睛直往女孩那边看——我只要抬起头，或者用卷笔刀削铅笔，让削下的螺旋形铅笔屑落入盛酒杯的小碟子中，都会瞟上她两眼。

我心猿意马，暗自思忖："美人啊，我看着你呢。不管你在等谁，也不管以后是否还能再见到你，反正此时此刻你非我莫属。你属于我，整个巴黎都属于我，而我听命于这本笔记簿和这支铅笔。"

后来我又挥笔疾书，一颗心深入到故事情节里，写得如痴如

---

[1] 法国的海外大区，位于小安地列斯群岛的向风群岛最北部，岛上自然风光优美，有火山和海滩。

醉。现在的我已不再心不在焉，而是全神贯注了，不再抬头张望，忘掉了时间，忘掉了自己身在何处，也不再要圣詹姆斯朗姆酒喝了——对于圣詹姆斯朗姆酒，我已感到厌倦，想都不再想它了。等到故事写完后，我已累得浑身发软，把最后的那段读了一遍，再抬起头时，发现那女孩已经离去。我心里暗暗祝愿：但愿带她走的是个好男人！话虽如此，我还是感到有些伤感。

我把稿纸叠起放在笔记簿里，然后将笔记簿放进上衣的暗兜，向侍者要了十几只这家咖啡馆里特供的葡萄牙牡蛎和半瓶干白葡萄酒。我每写完一篇小说，总感到空落落的，既悲伤又快活，仿佛做了一次爱似的。至于这篇故事，我胸有成竹，断定它是一篇佳作，只不过它究竟好到什么程度还不得而知，这得等到明天通读一遍才好下结论。

葡萄牙牡蛎带着浓浓的海腥味和一丝淡淡的金属味。我一边吃牡蛎，一边喝冰镇的白葡萄酒，借酒冲走金属味，嘴里只留下了海鲜味和多汁的牡蛎肉。每个牡蛎壳里那凉凉的肉汁，我都会吸个干净，再灌几口甘冽的酒液把肉汁冲下肚子。至此，那种空落落的感觉消失了，我的心情由阴转晴，开始运筹帷幄，规划自己的生活。

既然巴黎天公不作美，那就暂时离开巴黎，到一个没有雨只有雪的地方——那里的松林、道路和高山的山坡银装素裹，夜间走回家去，脚下的白雪发出咔嚓咔嚓的声音。莱萨旺[1]就是这么一个地方，山下有一户农家乐，膳宿条件特佳，我们两口子可以一起住在那里，白天看书，夜里暖暖和和睡在一张床上，敞开窗户看窗外明亮的星斗。要去就去那种地方——乘列车坐三等车厢，车钱不贵，农家乐的膳宿费也并不比巴黎的开销多到哪里去。

我要把旅馆里那间我写作用的房间退掉，只需付勒穆瓦纳主教街 74 号的房租即可（那点钱是微不足道的）。我曾为《多伦多日报》写过一篇新闻报道，稿费按说也快到了。那种稿件随时随地都可以写。所以说，这趟旅行的盘缠应该是够用的。

也许，离开巴黎后，我可以写写巴黎的人和事，这就跟我身在巴黎写的是密歇根的故事一样。我却全然不知要写巴黎还为时过早，因为我对巴黎了解得还不够深入。然而，故事最后还是写了出来。不管怎么说吧，反正只要我妻子愿意去，我们就拍屁股走人。想到这里，我吃完牡蛎，将杯中之酒一饮而尽，把咖啡馆的账结清，然后冒着雨赶回圣吉纳维芙山，取近道返回位于山顶的公寓房，心里觉得这阴雨天仅是巴黎一地的鬼天气，不能叫它改变自己的生活质量。

妻子听后，便对我说道：“我觉得这将是一次美妙的旅行，

[1] 瑞士的一个村庄，群山环绕，冰雪覆盖。

塔蒂[1]！咱们何时动身？”她有一张模特儿的脸蛋，每逢做决定时两眼熠熠生辉，笑得跟一朵花儿似的，仿佛这就是她赠送给你的贵重礼物。

“你说什么时候走就什么时候走。”

“哦，我巴不得马上就走。这难道你不知道吗？”

“也许等咱们回来的时候，这里的天气就变好了，天空就晴朗了。一旦天转晴，气温冷下来，日子是可以过得非常舒坦的。”

“我想一定会这样的。”妻子说，“你能想到出去旅行，真让人高兴。”

[1] 海明威当新闻记者时曾用过的笔名。

第二章

斯泰因小姐的教诲

我们返回巴黎时，这里天气已晴好，冷冷的，叫人感到惬意。城市已经适应了冬季 —— 我们街对面有家卖柴和煤的商店，此时供应上好的木柴；许多经营状况好的咖啡馆在外边的平台上生了火盆，坐在平台上也能取暖。我们住的公寓房里暖洋洋的，让人感到心情舒畅。我们家烧煤球（那是用煤屑压成的卵形煤团），放在木柴生的火上烧。冬季的巴黎街头阳光明媚。光秃秃的树衬映着蓝天，成了一道人们熟悉的景观。迎着清新的冷风信步走在卢森堡公园里，沿着刚用水冲洗过的砾石小径穿过公园，自是别有一番情调。树木脱尽了叶子，你看惯了，会觉得它们就像一尊尊雕塑，风儿吹过池塘的水面，喷泉在灿烂的阳光下喷涌。由于我们在山里待过，观看远景历历如在眼下。

因为爬过高山，现在爬小山小坡便不在话下了，倒是叫我心情愉悦；攀登旅馆的楼梯，到旅馆顶层我的写作室里（在这个房间，可以将山上所有的屋顶和烟囱尽收眼底），我也乐在其中。写作室里的壁炉通风良好，屋里温暖、舒适。我买了柑橘和烤栗子装在纸袋里带进房间。柑橘是又红又小的蜜橘，我吃的时候把皮剥掉扔在火里，把核也吐在火里。肚子饿了，我就吃烤栗子充饥。由于爬山、天冷和写作的缘故，我总是饥肠辘辘的。在写作室里，我藏了一瓶从山区带回来的樱桃酒，每当在给一篇故事收尾的时候，或者当一天的工作临近结束的时候，我都会喝上几口。一天下来，完成了当日的写作，我就把笔记簿或者稿纸放进桌子的抽屉里，将吃剩的柑橘放进我的口袋（夜间放在写作室里它们会冻成冰疙瘩的）。

由于写作写得顺风顺水，走下那一段段长长的楼梯时，我心里美滋滋的。我写作时笔不停挥，非得写出点眉目才行，非得计划好下一步该怎么写才肯停笔。这样就算是吃了一颗定心丸，知道次日该如何挥毫落墨了。但有时写一篇新的小说，一开始我就发怵，不知该怎样铺排。这时，我会坐在火炉前，剥下小蜜橘的皮，把皮里的汁液挤在火焰的边缘，只见那儿会蹿起蓝色的火苗，发出毕剥的声响。然后，我会站起身，走到窗前眺望巴黎城那鳞次栉比的房屋的屋顶，自我安慰地暗忖："不必焦虑。以前能写得出来，现在也一定能写得出！只要写一个漂亮的句子作为开头就可以了！写一句肺腑之言！"就这样，我最后总会写出一个漂亮的句子，写下文时就如行云流水了。这种套路并不难，因为我心里总会有肺腑之言的，或者也可以写道听途说的漂亮句子。假如写作时故弄玄虚，或者像有些作家那样拾人牙慧、华而不实，那么，写着写着我会发现不如去伪存真、删繁就简，于是便重新起笔，以已经写下的第一个货真价实的句子作为开篇。就是在那个高居顶层的房间里，我立下了一个宏愿：写一篇故事，反映我熟悉的诸多人和事。其实，这一直都是我的一个心愿——一个美好的心愿，也是严格的要求。也是在这个房间里，我学会了控制自己的思维，一旦停笔就不再想故事里的人和事，直至次日重新开始写作。如此，我的潜意识可以继续思考自己所写的故事，而与此同时，我还可以眼观六路耳听八方，留心身边的事物，并希望有所得；我还可以读书以转移注意力，不再将心思放在写作上——急着写作，反而写不下去。一旦写作写得得意（这不仅需要自我约束，还需要有好的运气），我下楼时会感到飘然若仙，心里轻松自在，这时的我不管到巴黎的哪一处散步都心地坦然。

下午散步，走的街道虽不同，但我都会走到卢森堡公园那儿，穿过公园去卢森堡博物馆参观（那儿有许多名画，如今那些名画大多已转入罗浮宫和凡尔赛宫陈列了）。我几乎天天都去卢森堡博物馆观赏塞尚、马奈、莫奈以及其他印象派大师的画——最初，我是在芝加哥美术学院开始接触印象派画家的作品的。通过了解和学习塞尚的画作，我意识到光凭几个有“真知灼见”的句子不足以使我的作品具有深度（“深度”正是我当时追求的目标）。观赏了塞尚的画作，我获益匪浅，只是自己口拙，不善于表达自己的收获罢了。再说，这也是个秘密嘛，不便外泄。假如卢森堡博物馆里不见灯光，那我就穿过公园去弗勒吕斯街 27 号 —— 格特鲁德 · 斯泰因[1] 住在那儿的一套带有工作室的公寓房里。

我和妻子曾经拜访过斯泰因小姐，她以及和她同居的那位朋友[2] 对我们极其热情友好。我们喜欢那宽敞的工作室 ——工作室里挂着许多名画，跟一流画廊的一流展室无异，所不同的是这儿有一个大壁炉，温暖而舒适，还有吃有喝的。在这里，你可以喝茶，可以喝用紫李、黄李或野生红草莓自然蒸馏出的甜酒。这种酒没有颜色，芳香四溢，盛在刻花玻璃瓶里，倒在小玻璃杯里招待客人。无论是李子酒[3] 还是草莓酒[4]，都是原汁原味，味道跟所用的原料相同，让你的舌尖有一丝火辣辣的感觉，使你觉得暖洋洋的，变得十分健谈。

斯泰因小姐长得敦实，但个子不高，健壮得像个农村妇女，眼睛挺漂亮，脸盘坚毅，像德国犹太人，也像弗留利人[5]。她的衣着，她的表情多变的脸，还有她那可爱、浓密而富有生气的美国移民的头发（可能还保留着她大学时代的那种发式），会叫我想起意大利北方的农妇。她说起话便滔滔不绝、海阔天空。

[1] 美国作家与诗人，常年侨居巴黎，成为现代主义文学与现代艺术发展中的触媒。
[2] 指爱丽丝 · 托克勒斯，与格特鲁德 · 斯泰因有同性恋关系。
[3] 原文为法语。
[4] 原文为法语。
[5] 弗留利位于意大利。

她的女伴声音如银铃，小个子，肤色黑黑的，头发剪得像布泰·德·蒙韦尔插图中的圣女贞德，鼻子是鹰钩鼻，尖尖的。我们第一次登门拜访时，她正在绣一个花边，一边绣一边招待我们吃东西、喝饮品，还跟我的妻子唠着家常。她有时说，有时听，有时则在别人说话时插上几句。后来，她向我解释，说她喜欢跟家庭妇女谈些家长里短的事。我和妻子有一种共同的感觉——她对那些“家庭妇女”算是很宽容的了。不过，尽管斯泰因小姐的这位朋友叫人有点畏怯，但我们还是挺喜欢她们俩的。这里的油画、蛋糕以及白兰地都是那样的美妙。她们似乎也喜欢我们，待我们就像我们是非常听话、很有礼貌而且有出息的孩子似的。她仿佛觉得我们不该这么小就谈恋爱和结婚，然而却原谅了我们，可能觉得该不该结婚还是由时间决定吧。我妻子邀请她们到我们家喝茶，她们接受了邀请。

走进我们的公寓房时，她们似乎更喜欢我们了。不过，这也许是因为房间小，大家坐得太近，我的一种错觉吧。斯泰因小姐坐在地铺上，提出要看看我写的短篇小说。看过之后，她说除了那个叫《在密歇根州北部》的短篇，其余的她都挺喜欢的。

她在评价《在密歇根州北部》时说：“东西倒是不错，但这不是关键所在——关键是它拿不出手。这就像一幅画，画家把画画出来了，却无法展出——即便展出也没人买，因为买回家去也根本无法挂出来。”

“其实，这篇故事并不是宣淫，而只是返璞归真，用了一些朴实的词句罢了。只有用朴实的词句，故事才能显得真实。这是不得已而为之，唯有如此才能真实。”我分辩说。

“你根本没有明白我的意思。”她说，“既然拿不出手，就不该写它！这纯粹是无益之举，是错误、愚蠢之举！”

她本人想在《大西洋月刊》上发表作品，并将这一意图告诉了我。她说我的作品不够出类拔萃，别指望发表于《大西洋月刊》或《星期六晚邮报》，不过我写作独具一格，有望成为一种新类型作家。当务之急，她建议我不要再写无法发表的作品。我没有跟她争辩，也没有再解释心里的想法，说自己想在人物对话上尝试一种新的写法。那是我自己的打算，而现在听取别人的意见要有意义得多。这天下午，她还针对如何买画发表了自己的看法。

“有了钱，你要么买衣服，要么买画，”她说，“事情就是这么简单。钱囊羞涩者，不可能既买衣服又买画。至于衣服，不必过于讲究，不必赶时髦，买衣服只买舒适的、结实的，省下钱可以买画嘛。”

“可是，即便我再也不添一件衣服，”我说，“想买毕加索的画也买不起呀。”

“不错，他的画你的确买不起。你要买就买你同龄人的画——这类画家和你一样有着当兵的经历。这类画家你一定会遇到的，在街头就能看得见。有些画家是后起之秀，他们的作品严肃认真、出类拔萃。不过，你买衣服恐怕买得并不多，你妻子买衣服买得多，而女人的衣服特别费钱。”

我发现妻子的目光在躲着斯泰因小姐，尽量不去看她穿的那身怪模怪样的廉价衣服，并且做到了这一点。斯泰因小姐她们离去时，仍然将我们两口子看得跟香饽饽一样（这是我的感觉），邀请我们再次去弗勒吕斯街 27 号做客。

这以后又过了一段时间，我受到斯泰因小姐邀请，说冬季下午 5 点钟之后任何时候都可以去她的工作室。我曾在卢森堡公园里遇见过斯泰因小姐，记不清她是否在遛狗，也记不得当时她到底有没有狗。我只记得自己是在散步，而非遛狗，因为我们养不起狗，甚至连一只猫也养不起。若说猫，我只在咖啡馆或者小餐馆见到过，还在公寓楼门房的窗台上见过几只大猫，很招人喜欢。后来我倒是常见斯泰因小姐在卢森堡公园遛狗，但以前她好像是没有狗的。

暂且不管她有没有狗，反正我接受了她的邀请，出去遛弯时常到她的工作室坐坐，每次去她都请我喝自然蒸馏出的白兰地，并且坚持要我喝干了一杯再斟满。我欣赏着那些画，和她聊着天。那些画叫人观之心潮澎湃，而我们的谈话十分温馨。她侃侃而谈，大讲特讲现代派绘画和画家。讲画家时，主要讲他们的人生经历（讲他们的人生经历多于讲他们的艺术生涯）。她还谈到自己的创作，还将好几篇稿件的手稿拿给我看（每天，她写出草稿，由她的女伴打印出来）。她说写作使她感到快乐。但后来随着了解她的程度的加深，我发现真正使她快乐的是创作的出品量（多寡视她的精力而定），是让她的作品获得出版，得到社会的认可。

我刚认识她的时候，事情还不太严重——她发表了三篇小说，人人都读得懂。其中的一篇名为《梅兰克莎》，写得非常好，是她的那些实验性作品的优秀范例，已经以单行本形式出版，凡是认识和了解她的评论家都交口称赞。她性格中有一种力量——一旦她想赢得一个人的喜爱，那么，对方一定无法抗拒。那些认识她并看过她藏画的评论家，有些对她写的东西明明看不懂，却投了信任票，这是因为他们喜欢她本人，对于她的人生观抱有信心。在创作时，她发现了许多关于节奏和词句重复使用的窍门，实用而珍贵。在介绍经验时，她口若悬河，讲得头头是道。

但话又说回来，尽管她写的东西需要出版，需要得到公众的认可，可她不愿修改润色，嫌它枯燥乏味，也不愿承担义务，让别人能看得懂自己的作品——《美利坚民族的形成》这本长得令人难以置信的书尤为如此。

这本书的开篇部分写得极为出彩，接下来有很长一段也精彩纷呈，不乏绝词佳句，可是后来就走了下坡路，把同样的事情没完没了地重复，换上一个责任心强、不喜欢投机取巧的作家，早就把这样的垃圾扔进废纸篓里了。后来我请求（也许应该说逼迫）福特·马多克斯·福特[1]在《大西洋彼岸评论》上连载这部作品，这时我才发现这部作品是多么长，觉得该刊物恐怕直到停刊也连载不完——为了使这本书能顺利连载，我负责审读全部校样（斯泰因小姐嫌这活儿乏味，把它推给了我）。

这天下午去拜访斯泰因小姐，天气寒冷，我经过公寓看门人的小屋，穿过寒气袭人的院落，步入了她的那间暖和的工作室。以上所提到的那些情节都是陈年往事。而这一天，她为我指点迷津，介绍了一些性知识。此时的我们已经非常投合，几乎无话不谈——我自以为无所不知，如果有不懂的事，那八成就是性方面的了。斯泰因小姐认为我在性问题上太无知了。我必须承认自己对同性恋是抱有偏见的，因为我知道里面包含着一些低级趣味的因素。男孩子跟流浪汉在一起，身上就得带一把刀子，随时准备用来护身。在这种情况下，“色狼”可不是指那些对女人穷追不舍的男子。我曾在堪萨斯城待过，游历过那座城市的诸多区域，还去过芝加哥，在那儿的湖泊上乘过船，颇有见闻，学到了不少难登大雅之堂的词语。在追问之下，我告诉斯泰因小姐说，一个男孩子如果和成年男子相处，就得做好杀人的准备，要懂得怎样杀人——要防止遭到性侵，就得在心理上有所准备。这方面的词

[1] 英国小说家、评论家、编辑。

汇也是无法出版的。假如你有杀人的意图，别人立刻就能感受得到，也就没人敢来惹你了。但也会有一些意外的情况出现，使得你身不由己，或者因受骗而落入绝境。说到这里，我觉得唯有用不雅的词语才能说得更生动一些，于是便说了在船上听色狼说过的一句话："一条缝[1]固然不错，但我情愿要一个眼[2]。"不过，我在讲述时特别留心，即便在使用"大实话"表达自己的看法时亦是如此，唯恐拂逆了对方。

"是啊，是啊，海明威，"她说，"可是，你那时生活的环境不同，身边尽是些罪犯和性变态者。"

我不想跟她争辩，但心里却在想：我那时的生活圈子跟现在没什么不同，里面有着形形色色的人——对那些人我力图抱理解之心，然而其中一些人我实在没法喜欢，对于某些人我甚至还讨厌。

想到这里，我对斯泰因小姐说道："那次我在意大利的一所医院住院养病，那位彬彬有礼、名气很大的老人拿着一瓶马沙拉白葡萄酒[3]或者是堪培利开胃酒[4]跑来看我，在行为举止上无可挑剔，可后来有一天我不得不吩咐护士再也不要让那老家伙进病房里了。你说这会有什么别的原因呢？"

[1] 隐指女人的阴部。
[2] 隐指男子的后庭。
[3] 产于意大利西西里岛。
[4] 意大利名酒。

“这种人有病，他们控制不了自己。你应该可怜他们才对。”

“我应该可怜他吗？”我问道。接着，我报出了那老人的名字，此处就不提了——那人喜欢出风头，乐于让别人知道他的名字。

“此人另当别论。他是个邪恶的人，引诱人堕落，的确十恶不赦。”

“可是，据说他是个优秀的作家啊。”

“狗屁优秀作家！”斯泰因小姐说，“他只不过是个喜欢招摇过市的人，自己过着醉生梦死的堕落生活，还引诱他人步入歧途。譬如，他引诱他人吸毒。”

“当时在米兰，你是说那个需要我可怜的人企图引诱我酗酒？”

“别说傻话啦。他怎么能指望引诱你酗酒呢？你是喝烈性酒的人，他用一瓶马沙拉白葡萄酒就能引诱你酗酒吗？非也，他值得可怜是因为他管不住自己。他心理有病，无法自禁，正因为这一点才叫你可怜他。”

“我当时的确有点可怜他，”我说，“可又感到失望，想不到他那么彬彬有礼的人竟做出那种事。”

我又呷了一口白兰地，心里对那个老人的行为痛惜不已，一面欣赏着毕加索的画（画面上有一个裸女和一篮鲜花）。这次谈话不是由我开的头，我觉得再谈下去有点危险了。我和斯泰因小姐交谈历来都没有出现过冷场的局面，但此时却出现了。我见她还有话要说，于是便给自己的杯子里斟满了酒等待着。

“其实，你对这种事情一点都不懂，海明威，”她徐徐说道，“你遇到的那些人显然是些罪犯、病态的人和邪恶的人。问题的关键是：男性同性恋所干的那档子事是丑恶的，叫人恶心，就连他们自己在事后也觉得恶心。他们酗酒、吸毒，借以缓解这种龌龊的心情，但仍会觉得恶心，于是便隔三岔五地换性伙伴，根本无法获得真正的幸福感。”

“我明白了。”

“女人的情况就恰恰相反。她们从不做自己感到恶心的事，不会有那种污秽的行为，所以女性伴侣在一起是快乐的，可以在一起幸幸福福地过日子。”

“我明白了。”我说，“不过，那个某某人士该当何论？”

“她是个邪恶的女人，”斯泰因小姐说，“她是个地地道道的坏女人，一个劲换性伙伴，否则便无宁日。她会把人引入泥潭之中。”

“我明白了。”

“你敢肯定你明白了吗？”

在那些日子里，要谈的话题很多，于是我们就转换了话头，这令我感到高兴。离开斯泰因小姐的工作室时，公园已经关门了，我只好沿着公园的围墙走到沃日拉尔路，从那儿绕过公园的南端。公园关了门并上了锁，景象凄凉。我急匆匆往位于勒穆瓦纳主教街的家中赶——归途中不是穿过公园，而是绕行，这未免让我的心里也感到有些凄凉。这一天，开始的时候心情很好，末了却如此落寞！明天必须加倍努力——工作是治疗一切疾病的灵丹妙药，我自始至终都将此奉为信条。而此时需要治疗的疾病（斯泰因小姐有同感）是我的青春迷惘和对妻子的痴情。回到勒穆瓦纳主教街的家中之后，我心里的凄凉感便荡然无存了。我把刚学到的知识讲了一遍给妻子听。夜间，我们利用已经掌握的知识，再加上新学到的知识，美美地爽了一场。

第三章

“迷惘的一代”

久而久之，我养成了一种习惯，下午动辄便到弗勒吕斯街 27 号去，在那儿烤火、观赏名画以及与斯泰因小姐谈天说地。斯泰因小姐一般是不在工作室接待客人的，但对我却十分友好，有很长一段时间表现得热情洋溢。我为加拿大的那家报社效力，还为一些通讯社撰稿，常去近东和德国报道各种政治性会议，回来后她就叫我把趣闻逸事讲给她听。有些趣闻逸事是很有意思的，她百听不厌，还喜欢听德国人所谓的“绞刑架幽默”[1]的故事。她渴望了解这个世界快乐的一面，而非真相，也不愿知道丑恶的一面。

我那时年轻，不知道忧愁是什么滋味，觉得即便在最糟糕的时候也会发生奇怪和滑稽的事情，而斯泰因小姐想听的正是这种事情。这些趣闻我讲给她听，采访到的内容则写入稿件。

[1]“绞刑架幽默”是幽默或者笑话的一种形式，是针对自身的糟糕处境表达的一种幽默。

不出去采访，我就搞创作，工作之余便去弗勒吕斯街找斯泰因小姐聊天。有时，我会请她针对如何读书发表看法。我搞创作，都是写一写，然后读一读书。假如你一个劲绞尽脑汁思考自己所写的内容，不读一点书的话，你会有江郎才尽的感觉，次日很可能就写不下去了。锻炼身体也是很有必要的，让自己的筋骨感到疲倦，以缓解写作的压力。如果能跟你所爱的人做做爱，那就是神仙过的日子了，比什么都强。不过，云雨之后，你会感到空虚。此时，有必要读书充实自己，以排除空想和焦虑——唯有如此，才能重新投入写作当中。我的经验是：不要等到创作的源泉枯竭之后才辍笔，而是在水井里还有水时就及时补水，使之长流不竭。

为了让大脑得到休息，我有时会在工作之余读一读当代作家的作品，如阿道司·赫胥黎[1]和戴维·赫伯特·劳伦斯[2]等。他们的作品可以从西尔维亚·比奇[3]的图书馆借到，也可以在码头书摊上买到。

“赫胥黎是个缺乏生气的人。”斯泰因小姐说，“你怎么愿意读这样一个人的书？难道你看不出他是个死气沉沉的人吗？”

---

[1] 英国作家。
[2] 英国小说家、批评家、诗人。代表作品有《儿子与情人》《虹》《恋爱中的女人》和《查泰莱夫人的情人》等。
[3] 美国著名出版商，常年侨居巴黎。她出版了詹姆斯·乔伊斯的有争议的书《尤利西斯》。

当时我没有看出这一点，于是便推说看他的书只是图个消遣，缓解一下压力而已。

“读书，应该读货真价实的好书，要么就读臭名昭著的坏书。”

“若说货真价实的好书，我去年冬天在读，今年冬天在读，明年冬天还会读。至于臭名昭著的坏书，我是不愿意读的。”

“那你为什么要读赫胥黎的垃圾？那可是一个半死不活的人写出的华而不实的垃圾，海明威！”

“他们的作品我只是随便看看，”我说，“好让大脑得到休息。”

“你现在还读谁的作品？”

“戴维·赫伯特·劳伦斯的。”我说，“他的短篇小说有些写得非常精彩，其中有一篇叫作《普鲁士军官》。”

“我原来想读一读他的长篇小说，谁知却不堪卒读。他的书可悲又可耻，十分荒唐，满都是病态的情调。”

“他的长篇，我喜欢《儿子与情人》和《白孔雀》，”我说，“也许，这样做有点缺乏品味。至于《恋爱中的女人》，简直让人读不下去。”

“既然你不愿意读臭名昭著的坏书，而愿意读自己感兴趣而且里面包含有精华的书，那就不妨看看玛丽·贝罗克·朗兹[1]的作品。”

---

[1] 英国小说家，擅长写侦探小说。

我没听说过这位作家。斯泰因小姐拿出两本此人写的书借给我看——一本是《房客》，动人心弦，写的是“开膛手”杰克的故事；另一本写的是一桩发生在巴黎近郊的谋杀案（一看就知道那地方是昂吉安莱班）。工作之余读这样的书妙不可言，书中的人物和情节真实可信，读之令人毛骨悚然。在忙完写作之后，读这种书是再好不过的消遣。于是，我把贝罗克·朗兹夫人的书尽数收集来阅读，这时才发现她的作品也不过就是那么点东西，没有一本像我最初读的那两本那般精彩。在白天或夜间的空闲时间里，我感到空虚，却苦于找不到好的作品消遣。后来，西默农[1]的小说问世，一炮打响，才填补了这个空白。

我读的西默农的书，第一本不是《第一号船闸》就是《运河上的房子》，让人手不释卷。我觉得斯泰因小姐一定会喜欢西默农的书，但是又不能百分百地肯定，因为那时的她虽然喜欢说法语，却不喜欢看法语书。我读的西默农的头两本书，都是珍妮特·弗朗纳[2]送给我的。珍妮特爱读法语书，早在西默农担任报道犯罪案件的记者时，就读他的作品了。

有三四年的时间，我和格特鲁德·斯泰因保持着亲密友好的关系，从没听她称赞过哪个作家，只是对那些撰文吹捧过她的作品，

[1]世界闻名的法语侦探小说家，作品超过四百五十部，全球销售超过五亿册，是全世界最多产与最畅销的作家。

[2]《纽约人》杂志的新闻记者。

对她的事业有所贡献的人她才另眼相看。不过，这里面罗纳德·菲尔班克和后起之秀司各特·菲茨杰拉德[1]是个例外。

刚认识她时，听她说起过舍伍德·安德森[2]。她谈起舍伍德·安德森，不是谈他的创作，而是大谈特谈他的为人和长相。说他有一双热情洋溢、美丽动人的意大利人的眼睛，说他心地善良，极具个人魅力。他有没有热情洋溢、美丽动人的意大利人的眼睛，我并不关心，但对于他的一些短篇小说我还是非常喜欢的。那些短篇笔锋简练，有些鬼斧神工的味道。他关心和了解自己所写的人物，对他们有着深厚的感情。对他的作品斯泰因小姐避而不谈，却滔滔不绝地谈他的为人和长相。

“你觉得他的长篇写得怎么样？”我问道。岂不知这样问是犯忌的。她压根就不愿谈安德森的作品，正如她不愿谈乔伊斯的作品一样。只要你两次提起乔伊斯，她就不会再邀请你去做客了。这就像在一位将军面前称赞另一位将军。遇到这种情况，应该吃一堑长一智。不过，在和将军交谈时，你可以谈另一位被他打败过的将军。这时，跟你交谈的那位将军就会大大称赞自己的手下败将，然后不厌其烦地详细描述自己是如何打败对方的。

[1] 美国作家，代表作是《了不起的盖茨比》。
[2] 美国作家。

安德森的短篇写得太漂亮了，以此为话题会叫斯泰因小姐不高兴的。所以，我打算跟她聊一聊他的长篇，准备说他的长篇简直是涂鸦之作。谁知这样也不行，因为这样就等于是在抨击她的一位铁杆支持者了。后来，安德森写了一部名为《黑色的笑声》的长篇小说，差劲得不能再差劲了，忸怩作态、矫揉造作，我忍不住在一篇讽刺文章里对其口诛笔伐，结果惹得斯泰因小姐勃然大怒，因为我批评的人是她圈子里的成员。在这之前，她很长时间都没有生过气了。安德森的写作生涯走到尽头时，她亲自出马，为其大唱赞歌。

她曾生过埃兹拉·庞德[1]的气，原因是后者把她的一把椅子压坏了，那椅子又小又单薄，显然很不舒适，也可能是故意留给他坐的，结果就压坏了（大概是开裂了）。庞德是伟大的诗人，性情温和，又是个仗义疏财的人——接待这样的人，应该让他坐大小适宜的椅子才对。她不喜欢庞德，多年后解释原因时编造出了一些理由，把话说得很巧妙，里面包含着恶意。

那时，我们从加拿大回来后，住在圣母院大街。我跟斯泰因小姐仍是亲密无间的朋友。一天，她提出了“迷惘的一代”之说法。当时，她驾驶的那辆老式福特 T 型汽车的点火装置出了些毛病，到修理厂后，一个小伙子负责为她修车。小伙子在第一次世界大

[1] 美国诗人和文学评论家，意象派诗歌运动的重要代表人物。他和艾略特同为后期象征主义诗歌的领军人物。其代表作是《在地铁站内》。

战的最后一年曾服过兵役，修车时技术不够熟练，或者说没有打破先来先修、后来后修的规矩提前为斯泰因小姐修车。反正不管怎么说吧，斯泰因小姐对他颇有微词，弄得他被修理厂的老板狠狠训斥了一顿。

老板对他说：“你们都是迷惘的一代。”

“你就是这样的人。你们全都是！”斯泰因小姐对我说，“你们这些年轻人，在战争中服过兵役，全都属于迷惘的一代，无一例外。”

“真的吗？”我说。

“的确如此。”她语气坚定地说，“你们把什么都不放在眼里，一喝酒就醉个半死。”

“那个年轻的修理工醉了个半死吗？”

“那倒没有。”

“你见我喝醉过吗？”

“没有。但你的朋友是酗酒的。”

“其实，我喝醉过，”我说，“但一喝醉，我是不来这儿的。”

“当然不是那回事。这话可不是我说的。”

“也许，那个修理工的老板是个酒徒，上午 11 点的时候喝了个酩酊大醉，”我说，“所以，酒后说了些胡话。”

“别跟我争辩了，海明威，”斯泰因小姐说，“这根本没有用。你们全是迷惘的一代，汽车修理厂的那个老板说得不错。”

后来，在创作第一部长篇小说[1]时，我把斯泰因小姐引用汽车修理厂老板的那句话跟《传道书》[2]的用语相比较，发现这一术语来自《传道书》。话说那天夜里回家的路上，我想到了汽车修理厂的那个小伙子，不知道他是否跟我一样，曾在战争中被拉去驾驶用普通车改装成的救护车[3]。记得有一次运伤员，下山时司机拼命踩刹车，把刹车片都烧坏了也不顶用，最后用了倒车挡才让车停下。最后的几辆车空车驶过了山腰，车上的伤员转移到了大型菲亚特汽车上——那种车有性能良好的变速器以及全金属的制动器。总之，在返家的路上我浮想联翩，想到了斯泰因小姐和舍伍德·安德森，想到了自我主义和思想的懒散，还想到了自我约束。末了，我不禁在问："究竟哪些人才应该被称为'迷惘的一代'呢？"走近丁香园咖啡馆时，我看见灯光正照在我的老朋友内伊元帅[4]手持战刀的雕像上——婆娑的树影洒在这青铜雕像上，他孤零零地站在那儿，背后没有一个人。正是这个人，在滑铁卢战役中一败涂地。我心想：每一代人都有自己的"迷惘"，过去如此，今后也必然如此。想到这里，我在丁香园咖啡馆留住了脚步，打算陪一陪这尊雕像，喝上一杯冰镇啤酒，然后再回我那位于锯木厂附近的公寓楼家中。但坐下来喝酒时，我心里又起

[1]指《太阳照常升起》。
[2]《圣经》中的"智慧书"。
[3]第一次世界大战爆发后，海明威辞掉了记者一职去意大利参战。由于视力缺陷导致体检不及格，只被调到红十字会救伤队担任救护车司机。
[4]拿破仑麾下最勇猛的一员战将。

波澜，望着那尊雕像，想起莫斯科战败后，拿破仑带着科兰古[1]乘马车仓皇撤退时，内伊则率军断后，不知鏖战了多少个日日夜夜。想起了斯泰因小姐是个多么热情亲切的朋友，想起了她对阿波里耐[2]的高度评价，想起了她在说到阿波里耐的死时是多么悲伤——阿波里耐死于1918年停战的那一天，当时群众在高喊“打倒纪尧姆”[3]，身处弥留之际的阿波里耐以为自己成了众矢之的。对于斯泰因小姐，我决定尽自己最大的力量为她效力，只要自己力所能及，就一定要还她一个公道，让她杰出的贡献得到公正的对待。愿上帝和内伊将军祝我成功！话虽如此，但还是叫她的“迷惘的一代”之说以及所有的那些乌七八糟、信手拈来的标签统统见鬼去吧！我回到家，走进院子，上了楼，见自己的妻子、儿子和小猫“F猫咪”都高高兴兴地，壁炉里生着火，我的心情也好了起来，便对妻子说：“不管怎么说，格特鲁德归根结底还是个好人。”

“这是当然的，塔蒂。”

“不过，她有时说话说得很离谱。”

“我没听她跟我说过什么，”我的妻子说，“我是做妻子的。跟我说话的是她那个同伴。”[4]

[1] 拿破仑的外交官。

[2] 纪尧姆·阿波里耐，法国诗人，前卫文学艺术领域的领袖人物。

[3] 其实，群众要打倒的是德皇威廉二世——“威廉”在法语中和“纪尧姆”读音相似。

[4] 此话的言外之意：格特鲁德·斯泰因的那位同性恋伴侣充当着“妻子”的角色。

第四章

莎士比亚图书公司

在那些日子里，我钱囊羞涩，买不起书，于是就从莎士比亚图书公司的图书馆借书看。这家公司既是出借书的图书馆又是出售书的书店，由西尔维亚·比奇开设，位于罗迪昂街12号。冬天，外边寒风呼啸，图书馆里生着一只大火炉，温暖如春，让人心情舒畅。桌子上和书架上都摆满了书，橱窗里陈列的则是新作，墙上挂着一些名作家的照片（有在世的，也有亡故的）。那些照片看起来全像是快照，连那些亡故的作家看上去也像还活着似的。西尔维亚看上去朝气蓬勃，一张脸棱角分明，褐色的眼睛顾盼生辉，就像可爱的小动物的眼睛一样机智，似年轻姑娘的眸子一般欢快，褐色的头发呈波浪状，从她那漂亮的额角往后梳，十分浓密，一直垂到耳朵根下面，和她穿的褐色天鹅绒外套的领子相齐，两条腿生得煞是漂亮。她待人和蔼可亲，关心体贴人，喜欢开玩笑，也喜欢海阔天空地神聊。在我所认识的人当中，数她对我最好。

第一次到书店里去，我心里直打鼓，因为身上带的钱是不够办借书卡的。她告诉我说可以有了钱再付押金，随后让我填了一张卡，说我想借多少书都可以。

按说，她没有理由信任我，因为她和我素昧平生，而我给她的地址是勒穆瓦纳主教街 74 号—— 那是一个再穷不过的地方。可她笑容满面、热情洋溢地对我表示欢迎——但见她身后有许多书架，书架上的馆藏书琳琅满目，高度直抵天花板，一排一排的，一直通向大厅的深处。

一开始，我借了屠格涅夫的两卷本的《猎人笔记》和戴维·赫伯特·劳伦斯的一部早期作品（大概是《儿子与情人》吧）。而西尔维亚说，如果我想借，可以多借几本。于是，我又选了康斯坦斯·加内特[1]翻译的《战争与和平》以及陀思妥耶夫斯基的《赌徒和其他故事》。

“看这些书得花些时间，一时半会儿你是不会再来的。”西尔维亚说。

“我会马上来付押金的，钱在家里放着呢。”我说。

“我不是这个意思，”她说，“押金可以什么时候方便什么时候付。”

[1]19 世纪俄罗斯文学著名英译者。

“乔伊斯一般是什么时候到这儿来？”我问。

“他要来，通常都是在下午很晚的时候。”她说，“怎么，你见过他吗？”

“我们有一次在米肖德饭店看见他陪家里人吃饭。”我说，“当然，别人吃饭的时候盯着人家看是不礼貌的。那儿的饭菜价格不菲呀。”

“你们平时是在家吃饭吗？”

“现在一般都是在家吃，我们家的厨子能做一手好菜。”我说。

“你们住的地方附近没有什么餐馆吧，是不是？”

“是的。你是怎么知道的？”

“拉尔博[1]在那儿住过，”她说，“除过没有餐馆这一点，就其他方面而言他还是很喜欢那地方的。”

“离我们最近的一家物美价廉的餐馆在先贤祠那边。”

“这我倒不清楚。你跟你妻子哪天可一定要来哟！”

“还是等我付了押金再说吧。”我说，“不过，对于你的邀请我不胜感激。”

“看书可不要看得太快哟！”

我们在勒穆瓦纳主教街的家是一个有两居室的套间，没有热水，也没有室内盥洗设施，只有一个非常干净的便池，这对去惯了密歇根州的那种户外厕所的人而言也没有什么不方便的。这里

[1] 法国作家。

可以眺望到美丽的景色，地板上铺一块上好的弹簧垫子当床用，睡在上面舒舒服服地，墙上挂几幅我们所喜欢的画——这样的家不失为一个令人感到愉悦的安乐窝。拿着借到的书回到家中后，我把自己的收获告诉了妻子，说我找到了一个奇妙的新天地。

“塔蒂，今天下午你务必要去把押金付了！”她说。

“我肯定会去的。”我说，“咱们俩一起去。付了押金，咱们就到河边走走，到码头上看看。”

“要去就去塞纳街，逛逛画廊，看看商店的橱窗。”

“没说的。到哪儿散步都没问题。散完步，咱们可以上一家新开的咖啡馆喝上一杯——那儿咱们谁也不认识，也没人认识咱们。”

“要喝就喝上两杯吧。”

“然后可以找个餐馆饱饱口福。”

“那就不必了。别忘了咱们还要付图书馆的押金呢。”

“那就回家吃吧。在家吃美味佳肴，喝那瓶从合作社买来的博讷红葡萄酒——你只要看看窗外，合作社的橱窗上标着博讷酒的价钱呢。酒足饭饱之后，咱们就看会儿书，然后上床来个鸳鸯戏水。”

“你我相爱，绝不感情别移。”

“对，绝不。”

“那将是一个美好的下午和傍晚。当务之急是吃午饭。”

“我已经饿得前胸贴后背了。”我说，“在咖啡馆写东西时，我只喝了一杯奶沫咖啡。”

“你写作进展如何，塔蒂？”

“大概还可以吧。希望能一帆风顺。咱们午饭吃什么呀？”

“小萝卜、香喷喷的牛肝拌土豆泥、菊苣沙拉以及苹果馅饼。”

“吃完午饭咱们就到图书馆借书看，那儿的书汗牛充栋，应有尽有。咱们旅行时，可以带些书在路上看。”

“那样做道德吗？”

“当然道德。”

“那儿也有亨利·詹姆斯[1]的书吗？”

“当然有。”

“太好啦。”她说，“你发现了这么一个处所，真是太幸运了。”

“咱们的运气一直都是很好的。”我说。说这话时，我脑子简直是进水了，竟然没有敲木头[2]——房间里到处都是木制的家具，顺手就可以敲的！

[1] 19世纪美国继霍桑、麦尔维尔之后最伟大的小说家。

[2] 指敲击木制的东西可以确保好运、甩掉坏运气。这一说法起源于宗教信仰或迷信，最早出现在1908年的《威斯敏斯特公报》上。

第五章

塞纳河畔的人们

从勒穆瓦纳主教街的尽头，有多条路通向塞纳河畔。最短的一条路是顺着大街直走，只不过这条路陡得厉害。等到你抵达平坦的路段，你就已穿过圣日耳曼林荫大道街口处的车水马龙，走到一个气氛沉闷的地方——那儿有一段荒凉的河岸，风很大，右边就是葡萄酒市场。那儿的葡萄酒市场跟巴黎别的市场都不同，只是一个扣存葡萄酒以待完税的仓库，外表阴沉沉的，像个兵站或俘虏营。

跨过塞纳河的支流就是圣路易岛。岛上的街道十分狭窄，房子古香古色，高高的，非常漂亮。你可以到岛上游览，或者向左拐，沿着同圣路易岛一样长的码头走，途中可以看到对面的巴黎圣母院和西岱岛。

码头上有一些书摊，有时可以在书摊上发现刚出版的美国书，价钱很便宜。银塔饭店就在跟前，楼上有客房供客人住，房客吃饭时享受打折优惠。如果房客把自己看的书留在了房间里，服务生就会把书拿到近旁的书摊去卖，你花几个法郎就可以从女摊主手中将书买来。摊主对销售英语书籍缺乏信心，买书时几乎没花什么钱，所以见利就卖，急于脱手。

“这些书值得一读吗？”我和女摊主混熟后，她这样问我。

“有时候会有那么一两本是值得一读的。”

“这怎么能看得出来呢？”

“反正我在读的过程中是能区别出来的。”

“卖这样的书简直就跟赌博一样。有多少人能看得懂英语书呢？”

“你把书留下，等我过来看了再说吧。”

“那可不行，不能等你来。你并不经常路过这里，总要隔好长一段时间才来一次。我得尽快出手。万一是没有价值的书，谁又能说得来呢。碰上没有价值的书，那就一辈子也卖不出去了。”

“法语书有无价值你是怎么辨别的？”

“首先看有无插图以及插图的质量如何，接下来就看装帧——如果是好书，书的主人就舍得花钱把它装帧得美轮美奂。所有的英语书都是装帧好的，但良莠不齐，难以区分。”

过了银塔饭店附近的这家书摊，在抵达奥古斯丁大码头之前，再也没有别的书摊卖美国和英国书了。从奥古斯丁大码头到伏尔泰码头，然后再朝前走几步，有几家书摊卖英语书——那些书是左岸那些旅馆的服务员，尤其是伏尔泰旅馆（这家旅馆住的都是些有钱的客人）的服务员，卖给摊主的。一天我问另一个女摊主（此人是我的朋友），摊上卖的英语书是不是旅馆客人卖给她的。

“不是的。”她说，“是他们扔掉的。据此判断都不是什么有价值的书。”

“他们乘船旅行，那是朋友送给他们读一读解闷的。”

“毋庸置疑。”女摊主说，“船上一定有许多这样丢弃的书。”

“是的。”我说，“航运公司把这些书保存下来，重新装订好，它们就成了船上的藏书。”

“高明！”她说，“至少，把书装订得像模像样，就显得有价值了。”

我写作之余，或者在思考问题时，总喜欢到码头上转转。走走路，找点事做，或者看别人干他们熟悉的事——在这种情况下，我的思路会顺畅一些。在西岱岛的西端，新桥南面，矗立着亨利四世的雕像。西岱岛的西端尖尖的，像一只船的船头。那儿有个临水小公园，公园里有许多漂亮的参天栗树，绿荫如盖。塞纳河汩汩流淌，而河水流经之处以及滞水湾有不少适于垂钓的好地方。你步下一段台阶，走进小公园，就能看见岸边和大桥下有人在垂钓。垂钓地点之好坏，随着河水的涨与落而变化。那些钓鱼人用的长钓竿是一节一节连接起来的，钓线很细，齿轮很轻，鱼饵漂浮在水面—— 他们个个身手不凡，人人是行家里手。总会有鱼上钩，他们常常钓到类似鲦鱼那样的鱼（他们称之为鲶鱼），满载而归。这种鱼整条放在油里煎了吃味道极佳，我能吃下一大盘。这种鱼肥壮、味鲜，味道甚至能超过新鲜的沙丁鱼，而且一点也不油腻，我们吃的时候连骨头一起吃。

吃鲶鱼的一个最好去处是一家露天餐厅，位于下默冬，傍河而建。我们一旦有钱，就离开我们住的地方到那儿大快朵颐。那家餐厅名叫“神奇的垂钓”，佐饭的是一种口感极好的白葡萄酒，属于麝香干白葡萄酒类型。在此餐厅，可以一览塞纳河的风光，这一情景在莫泊桑的短篇小说中描绘过，也曾出现在西斯莱[1]的画作里。不过，你也没必要跑那么远去吃鲶鱼，在圣路易岛上就能吃到很好的油炸鲶鱼。

我认识几个垂钓者，他们常在圣路易岛和维尔 - 加隆广场之间的几处地方钓鱼，那儿鱼多。天晴日好的时候，我会买上一升葡萄酒、一个面包和一些香肠，坐在阳光下阅读从书摊上买来的书，观看他们钓鱼。

有些游记作家在描绘塞纳河畔的垂钓者时，把他们写成了一群饭桶，连一条鱼也钓不上。其实，这儿的垂钓者都是干实事的，

[1] 法国 19 世纪风景画画家。

出手便能钓到许多鱼。他们大多是靠微薄的养老金过活（岂不知那点钱遇到通货膨胀就会大大缩水），还有一些人是钓鱼迷，利用假期钓上一天半天的鱼。除了这儿，有一个更好的钓鱼点在夏朗通——那是马恩河汇入塞纳河的地方。按说，巴黎城外两侧都适合于钓鱼，但真正好的钓鱼点则在城区内。我本人是不钓鱼的，因为我没有钓具——我宁愿省下钱来到西班牙去钓鱼。再说，我心里没谱，不知自己手头的稿子何时才能脱稿，也不知自己何时会因事而出远门。我可不想沉迷于钓鱼，因为钓鱼固然能给人带来快乐，但你必须有闲情逸致才行。不过，我在密切关注着它，觉得了解一些钓鱼知识是很有意思的，是件很好的事情。看见人们在巴黎城里的河边钓鱼，认认真真地钓，而且收获颇丰，把钓到的鱼拿回家让亲人享用，我总是由衷地感到高兴。

在塞纳河畔，看一看人们钓鱼，欣赏一下河上的景色——漂亮的驳船上一片忙碌的景象；拖轮拖曳着一长列驳船，从桥下通过时，拖轮的烟囱便自动向后折叠；河边石堤上生长着高大的榆树、梧桐树，有些地方则是白杨——这时的我一点也不感到孤独。

巴黎城里绿树成荫，仿佛每一天都是融融的春日——仿佛夜间暖风起，次日清晨春季便从天而降。有时，大雨突然来临，天气变得寒冷，春天的感觉便顿时消失，似乎再也不会出现——这样，一个美好的季节退出了你的生活。这种现象是很不正常的，是真正叫巴黎的人们感到悲哀的时刻。秋天来到时，你一定会觉得悲伤。每年的这个时候，树叶纷纷落地，光秃秃的树枝在寒风中和冷气袭人的冬阳下发抖，这时你的一颗心就像死了一样。不过，你知道春天终究还会来临，冰冻的河水终究还会汩汩流淌。如果阴雨连绵，冷冰冰的，扼杀了温暖的春天，这情景就像一个年轻人突然死去，死得不明不白。

在那些日子里，春天最后总会回到我们身边，但我们总会提心吊胆，因为它每一次都差点没能再次出现。

第六章

一个虚幻的春天

当春天来临时，即便是虚幻的春天，也应该找个地方快活一下，其他的都不在话下。春光大好，唯一能败坏你兴致的就是人。如果不和人接触，那你的每一天都会快乐无边。只有极少数人能像春天那样使你心情愉悦，其他的人全都是你寻求欢乐的障碍。

春天，我一大早就会起来写作，妻子仍酣眠未醒。房间的窗户大敞，雨后的鹅卵石街道正在一点点变干。凭窗望去，但见阳光正在逐渐将对面房屋那湿漉漉的门脸晒干。街上的店铺仍未开门营业。牧羊人来卖奶，吹着牧笛招揽顾客，这时我们楼上住的一个女人便会拎着一个大罐子下楼，来到人行道上买奶。牧羊人牵过一只奶水饱满的黑奶羊，把奶挤入罐子里，而牧羊犬则将其他的羊赶到一边等候。羊群四面张望，像观光客似的转动着它们的头颈。牧羊人接过女人付的奶钱，道一声谢，然后就吹着牧笛沿着大街走掉了。牧羊犬驱赶着羊群走在他的前边，可以看见羊的犄角一上一下晃动着。他们走后，我又继续写我的东西，而那个女人提着奶罐回到了楼上。她穿着打扫卫生时穿的毡底鞋，走路听不见声音。她在我们门外的楼梯口歇脚时，只可以听见她的喘气声，以及她回到家后关门的声音。在我们公寓楼里，她是牧羊人的唯一客户。

我决定下楼去买一份早晨版的赛马报。这地方穷归穷，还不至于连份赛马报都买不到，但像这样的日子，要买就得趁早买。我走到康特斯卡普广场拐角处的笛卡尔路，在那儿买到了一份。那些山羊正顺着笛卡尔路往前走去。我吸了几口清新的空气，快步返回，一心要爬上楼梯去把稿子写完。我倒是很想跟在羊群的后边，在这春日的清晨沿着街道散散步，怎奈有事要做。不过，就在我重新挥毫落墨写作之前，扫了一眼那份赛马报，结果发现昂吉安有一场赛马——那儿的赛马场很小、很漂亮，扒手多，圈外人喜欢到那儿赌赛马。

于是，我打算完成了当日的写作之后，就和妻子去看赛马。我为之撰稿的那家多伦多报社刚给我汇来了一笔钱，如果能发现一匹合适的马，便来个放长线钓大鱼。有一次到欧特伊看赛马，我妻子把赌注押在了一匹名叫“金山羊”的马身上。那匹马的赔率为一百二十比一，比别的马领先二十个马身，可是在跳最后一道栏时却意外摔倒了。够我们半年生活用的积蓄也跟着打了水漂。这件倒霉的往事，我们想都不愿去想它。在“金山羊”事件发生之前，我们赌赛马一直都顺风顺水的！

“咱们真的有足够的钱去赌赛马吗，塔蒂？”妻子问我。

“下赌注，咱们的钱是不够的。可以见机行事，酌情而定。你有什么需要用钱的地方吗？”

“这个嘛……”她沉吟不决。

“咱们家的日子过得很拮据，都怪我手太紧，花钱方面太抠门。”

“不是那回事，”她说，“不过……”

我知道自己平时是很苛刻的，也知道家里的经济状况捉襟见肘。一个专心于事业的人在耕耘中获得满足，是不会被贫困吓到的。可是一想到地位不如自己的人都可以享用浴缸、淋浴器以及抽水马桶，都有钱外出旅游（我们倒是经常出去旅游），我还是觉得挺不是滋味的。我们洗澡则是到河岸边的那条街道去，那儿的街头有家公共澡堂。妻子对此从无怨言，也从不为此伤心落泪。若说落泪，“金山羊”摔倒时她倒是潸然泪下——记得那是心疼那匹马，而非心疼赌注。我生性愚钝，她需要一件灰色羔羊皮短上衣时，我却全然不知——不过，她把上衣买来后，我还是挺喜欢的。在别的一些事情上，我也是很愚钝的。和贫困作斗争就是这么尴尬，除非你把钱袋扎紧，一分也不花。当你把钱用在买画上，而非买衣服时，情况更是如此。不过，我们从来不认为自己贫穷，绝不接受这种看法。我们自以为高人一等，瞧不起他人，对于真正的富人也嗤之以鼻。穿运动衫当内衣御寒，我并不觉得古怪——只有那些富人才觉得这样的穿法古怪。我们花钱不多，但吃香喝辣，相亲相爱，睡得安稳、温馨。

“我觉得应该去看赛马，”妻子说，“好长时间都没到赛马场去过了。咱们可以把午饭和酒带去。我将做上几份香喷喷的三明治。”

“咱们可以乘列车去，这样比较便宜。不过，假如你不想去，那就不去了。今天是个好日子，不管干什么心情都会愉快的。”

“我觉得应该去看赛马。”

“你不想干点别的什么吗？”

“不想。”她高傲地说——她的颧骨高高的，很可爱，显得傲岸不群，“再说，能干些什么呢？”

于是，我们就到列车北站乘列车去了。穿过巴黎城最肮脏、最晦暗的区域，下车后步行走到了绿洲般的赛马场。时间尚早，我们就在新修剪过的绿茵地铺上我的雨衣，坐下吃午餐，就着瓶子一口一口喝着葡萄酒，一边观看那古老的大看台、那下赌注的棕色木头小亭子、那绿色的跑道、那一道道暗绿色的跳栏、那闪着微光的褐色障碍水沟、那刷白的石墙以及白色的柱子和栏杆、那长出新叶的大树下的围场以及头一批进围场的参赛马匹。餐毕，我们又喝了些酒，接着研究了一下赛马报上的程序表。后来，妻子躺在雨衣上睡着了，阳光洒在她的脸上。我走开去，找到了一位过去在米兰的圣西罗赛马场认识的熟人，他给我提供了两匹马的名字。

“记住，它们不会叫你发大财，但你也别因为怕花钱就望而却步。”他叮咛道。

我们把一半赌金押在了第一匹马上，它的赔率是十二比一。这匹马风驰电掣，跳栏跳得非常漂亮，在跑道上向前直冲，到达终点时比别的马快四个马身，结果大获全胜。我们把赢来的钱留下一半，收入囊中，用另一半赌第二匹马。这第二匹马一开始就跑在了前头，跃过一道道跳栏如履平地，一路遥遥领先，骑师不时给它两鞭子，使它直到终点线都保持着优势。

这场赛马结束后，我们走到看台下的酒吧间去喝香槟酒，等待领取赢得的奖金。

“哇，这场比赛看得人提心吊胆。”妻子说，“你没看见后边的那匹马紧追不舍吗？”

“我现在还觉得一颗心在嗓子眼吊着呢。”

“它的赔率是多少？”

“牌子上写的是十八比一，但最后可能又有人下注了呢。”

参赛马从我们身边经过时，但见我们赌的那匹浑身大汗淋漓，鼻孔张大喘着粗气，骑师用手轻轻拍着它。

“可怜的马儿，”妻子说，“咱们只不过下下注，而它却在拼命。”

我们目送着那些马走远，又喝了一杯香槟，然后赛马赢得的奖金便公布了：八十五。这意味着押十法郎可以拿到八十五法郎。

“最后一定又有人下了大笔的赌注。”我说。

不过，我们赢的钱也算真的不少了，对我们而言数目可观，这下子有了钱便可以欢度春天了。人生别无他求！花钱应该细水长流，不妨把奖金分成四份，每人花四分之一，这样还可以留下一半作为今后赌赛马的本钱！于是，我把这笔本钱悄悄藏起来，不同其他的钱相混。

那年，我们一次旅行归来，到赛马场去又交了好运，返家途中在普吕尼耶饭店门前留住了脚步，看了看橱窗里种种美味佳肴的价目表，然后在酒吧间坐了下来，要了牡蛎和墨西哥螃蟹，又要了两杯桑塞尔白葡萄酒。酒足饭饱之后，我们摸黑穿过杜伊勒里公园[1]往家走。在公园里，我们停下来眺望远处，目光透过卡尔赛门[2]可以看到那黑魆魆一片的花园，再往前可以看见协和广场通明的灯火，接下来便是长龙一般的路灯了，直通向凯旋门。随后，我们又将目光转向罗浮宫，眺望那座黑灯瞎火的宫殿。我对妻子说：“据说这三座拱门形成了一条直线，你觉得是不是真

[1] 旧时是王宫，1871 年被焚毁，现为公园。
[2] 卡尔赛门也叫小凯旋门，是拿破仑修建的第一座凯旋门，是为了庆祝 1805 年的一系列战争胜利而建造的。

的？我指的是这儿的两座以及米兰的塞米昂纳拱门，它们是不是形成了一条直线？”

“我不清楚，塔蒂。他们既然这么说，那他们应该是心里有数的。有一次咱们爬雪山，经过圣伯纳德大山口进入意大利境内，步入了温暖的春天。就在当天，你和我，还有琴科，咱们一口气走到了奥斯塔城[1]。当时的情景你还记得吗？”

“琴科说咱们是‘穿着逛大街的鞋翻过了圣伯纳德大山口’。你还记得你当时穿的那双鞋吗？”

“那双鞋真够惨的。咱们在美术馆旁的比菲咖啡馆吃了什锦水果，吃了盛在大玻璃罐里的新鲜桃子和野草莓，里面加了冰块，还兑有白葡萄酒。这些你还记得吗？”

“正是在那个时候，我对这三座拱门产生了兴趣。”

“塞米昂纳拱门我难以忘怀，跟这座颇为相似。”

“咱们在艾格勒下榻的那家旅店你还记得吗？那天，我在河边钓鱼，而你和琴科坐在花园里看书。”

“历历在目，塔蒂。”

我记得自己钓鱼的那条河叫罗讷河，河面狭窄，水发浑，里面有大量的雪水，两侧是施托卡尔珀河以及罗讷运河，都可以钓鳟鱼——施托卡尔珀河清澈见底，而罗讷运河浑浊不堪。

[1] 奥斯塔建于公元前24年，现有12世纪教堂建筑艺术与古罗马城墙、城门、街道、凯旋门等遗迹。

“当时正是七叶树开花的季节，我竭力回忆一个关于紫藤花的故事（那故事大概是吉姆·甘波尔给我讲过的），可怎么也回忆不起来了。这些你都还记得吧？”

“记忆犹新，塔蒂。记得你和琴科老喜欢争论是非曲直，写东西秉笔直书，却不愿详细描述。这些我都记忆犹新。有时他占理，有时你的结论是正确的。记得你们针对灯泡、灯泡的结构和外形也要争个面红耳赤。”

说话间，我们已穿过罗浮宫，出了宫院大门，走到马路对面，站在桥上，趴在石头栏杆上，望着桥下的河水。

“咱们三个不管遇见什么都要争论一番，非得有个具体的结论不行，相互打趣，相互取笑。那次旅行中咱们做的每件事、说的每句话，我都记忆犹新。”我的妻子哈德莉说，“每一幕情景我都记得清清楚楚。你跟琴科说话，每一次我都不是局外人。这在感觉上同斯泰因小姐家里的那一位是不一样的——那一位只充当妻子的角色。”

“当时，我要是能回忆起那个关于紫藤花的故事就好了。”

“花不花并不重要，关键是那棵紫藤完好就行，塔蒂。”

“有一次，我从艾格勒买了些葡萄酒，带回了咱们的度假小屋。这你还记得吗？葡萄酒是在旅店买的，他们说吃鳟鱼就要有葡萄酒。那瓶酒大概是用《洛桑日报》包了带回来的。”

“西昂葡萄酒的味道甚至可以说更好。咱们一回度假小屋，吉斯韦施太太就给咱们做金蓝鳟鱼[1]吃。这你还记得吗？那样的鳟鱼菜真是妙不可言，塔蒂。咱们在外面门廊上一面喝西昂酒，一面吃鳟鱼，但见脚下峭壁如削，一眼望去，目光掠过湖面，可以看见积雪覆盖到半山腰的登特杜米迪山，还可以看见罗讷河口的那片树林——罗讷河就是在那儿汇入了大湖。"

"每逢冬天和春天，咱们就思念琴科。"

"割不断的情怀。现在已近春残，我对他的怀念仍不消减。"

琴科是个职业军人，英国皇家桑赫斯特军校毕业后去了蒙斯前线。我和他初次相逢于意大利，后结为莫逆，长时间保持着友谊。他一旦休假，就和我们一起度过假期。

"他从科隆写了封信来，说他明年春天将争取休一次长假。"

"这我知道。而咱们要活就活在当下，要珍惜每一分钟时光。"

"这不，咱们正在欣赏着眼前的景色，观看河水冲击堤脚。往上游看，你能看见什么呢？"

我们放眼望去，将塞纳河、巴黎城以及城内小岛的景色尽收眼底。

"你我真是太幸运了，"妻子说，"希望琴科能来。有他可

[1] 海明威当时二十多岁，是鳟鱼菜的鉴赏家。这种做法是他最喜欢的一种。理想情况下，鳟鱼应在烹饪前是活的，皮肤发蓝，做出的菜味道极鲜。

以保护咱们。”

“他可不这么想。”

“当然，他不会的。”

“他觉得是大家一起探险。”

“是这么回事。但这要取决于探的是什么险。”

我们边聊边走过桥，到了我们家住的那一侧河岸。

“说了这么多话，走了这么远的路，你肚子又饿了吧？”我问。

“当然啦，塔蒂。难道你不饿？”

“咱们可以去一家高级饭店，美美吃上一顿。”

“哪家饭店？”

“米肖德饭店怎么样？”

“好极了，那家饭店离这儿很近。”

于是，我们沿着圣佩雷斯街走到雅各布路的拐角，不时停下观看橱窗里的画和家具。来到米肖德饭店后，我们就站在外面看贴出的菜单。餐厅内座无虚席，我们只好在外边等待，眼巴巴望着那些已经喝过了咖啡的食客，盼他们赶快出来。

由于走路，我们早已饥肠辘辘。对我们而言，在米肖德饭店进餐价钱不菲，但令人激动。当时，乔伊斯正陪他家里人在这家饭店吃饭。他和他的妻子诺拉背靠墙坐着，乔伊斯手拿菜单，透过厚厚的眼镜片在点菜。诺拉喜欢美食，但吃得很挑剔；他们的儿子乔吉奥身材瘦削，从后面看去，头发贼亮，有点像纨绔子弟；女儿露西亚，长着一头浓浓的鬈发，是一个还没有发育成熟的小姑娘。他们全都讲意大利语。

站在那里等候的当儿，我不由想起了刚才在桥头上的感受，不知其中究竟有几分是饥饿感，于是我就把这话拿来问妻子。她说：“这我说不清，塔蒂。反正饥饿感五花八门，分许多种类，春天更是如此。不过，现在饿过了头，饥饿感就成了一种记忆。”

说了这番蠢话后，我把目光投向餐厅，透过窗户看见侍者将两份菲力牛排端上了餐桌，不由感到异常饥饿——那是一种普通饮食男女的饥饿感。

“你曾说咱们今天运气好，此话一点不假。不过，运气好是因为有人指点迷津，为咱们提供了可靠的信息。”

妻子哈哈一笑说：“我可不是指赛马哟。你真是个爱钻牛角尖的死脑筋。我是说在别的方面运气好。”

“我觉得琴科不喜欢看赛马。”我说道（这一说使我显得更蠢了）。

“是的。要是让他骑马参赛，那样他才会喜欢。”

“你还想去看赛马吗？”

“当然还想去。你说什么时候去，咱们就什么时候去。”

“你真的想去吗？”

“当然是真的。你也想去，不是吗？”

后来，我们走进米肖德饭店大快朵颐。饭毕，饥饿的问题也就解决了。但乘公共汽车回家时，那种在桥上产生的类似于饥饿的感觉仍萦绕不散。二人进了家门，摸着黑上床云雨之后，那种感觉仍在纠缠着我。半夜醒来，我发现窗子都开着，看见月光照在一幢幢高房子的房顶上，而那种感觉还是没有消失。我扭过脸去，不去看那月光，而望着房间里的黑暗处，却再也无法入眠，于是索性躺在那儿遐思不已，思索着那究竟是什么感觉。这一夜，我们醒了两次。这当儿，妻子睡得很香，月光照在她的脸上。我想啊想，绞尽了脑汁，由于脑子笨仍百思不得其解。次日早晨醒来，我发现眼前只不过是一个虚幻的春天，耳畔又闻牧笛声，牧羊人又赶着羊群来卖奶。我又走出公寓去买赛马报。生活似乎就是这么简单！

但话又说回来，年轻的我们生活在巴黎这样一座历史悠久的城市里，一切都并不简单——甚至贫穷、意外之财、月光、是与非以及那在月光下伴你睡眠的人，都有着不平凡的故事。

第七章

一项副业的终结

那一年以及后来的那几年，清晨完成了手头的写作，我和妻子曾多次去看赛马。哈德莉乐在其中，有时甚至可以说是对此情有独钟。不过，我们更热衷于爬高山，登上位于森林上方的高原草地，更喜欢晚上回到度假小屋享受温馨的生活，更愿意跟我们的挚友琴科一起翻过高山隘口进入另一个国家。再说，那也不是真正的赛马，而是一种赌博，只是冠以赛马的名称而已。

赛马绝不会在人与人之间制造矛盾——唯有人才能做到这一点。有很长一段时间，它跟我们建立了紧密的联系，如同一位要求很高的朋友（这样看，是很宽宏大量的）。我待人一贯爱憎分明，之所以能够容忍这个极其虚伪、道貌岸然、刺激性大、心怀叵测、贪得无厌的朋友，是因为有利可图。可是，要想赢钱，就得花时间全力以赴，而我却没有那么多的时间。不过，我把赌赛马作为题材进行写作，聊以自慰。只可惜我写的这方面的东西均已遗失，只有一篇是因为在邮寄过程之中才侥幸存留了下来。

此时的我更多的是独自一人去看赛马，全身心地投入，深陷其中不能自拔。在赛马季，只要有可能我就双向出击，到欧特伊赛马场和昂吉安赛马场赌个痛快。如欲克服一切困难，明智地参赌，就得把所有的时间都搭上，即便如此也不一定能稳操胜券。所谓的运筹帷幄仅是纸上谈兵而已，买一份赛马报便可以尽得其妙。

要赌好赛马，你得先到欧特伊赛马场，坐到看台上观看一场障碍赛，还得快速跑到一个位置高的地方看每匹马跳栏的情况，看哪匹马原该取胜却功亏一篑，寻找出原因，看它跳栏时在哪些地方有失误之处。如果你在一匹马身上押了赌注，就得细心观察它的一切情况，观察赔率的上下浮动，观察它的表现，最终一定要搞清驯马师何时让它上场一试身手。它上场，很可能会被击败，你得知道它的胜算有多少。这是一件苦差事，但你会乐在其中。每天到欧特伊赛马场观看那些骏马在跑道上你追我赶，那可是地地道道的比赛，会叫你感到开心。你终将对那片场地了如指掌，就像熟悉一位老朋友一样。你终将认识许许多多的人（骑师、驯马师、马主人），熟悉许许多多的马，掌握许许多多的知识。

原则上，我只有在了解了一匹马之后，才肯在它身上下注。有时一匹马上场，没有人相信它会赢，唯独驯马师和骑师对它抱有信心，我把赌注押在它身上，结果连战连捷。最后，我金盆洗手，不再赌赛马了，原因是它太费时间，太耗精力，我对昂吉安赛马场的内幕以及比赛时的秘密了解得太多了。

不再赌赛马固然叫人高兴，但也使我感到空虚。我情知无论做好事还是坏事，一旦中途停止，就一定会感到空虚。如果你停止做一件坏事，空虚感将逐渐自动消失。如果你停止做一件好事，那你得找一件更好的事去做，空虚感才会消失。我把赌赛马的本钱放回到总的积蓄中去，顿时如释重负，感到轻松愉快。

金盆洗手的那天，我溜达到了河对岸，走到意大利人林荫大道的意大利人路，来到设在那条路转弯处的抵押信托公司的旅游服务台前，结果碰到了我的朋友边克·沃德。当时我正要把赌赛马的本钱存进这家公司，但这件事我没有告诉任何人。我虽然也想过将钱存进银行，然而却没有那样做。

“想一起去吃顿饭吗？”我问迈克。

“当然想，伙计。没一点问题。你这是怎么啦？不去赌赛马啦？”

“不去啦。”

我们走到卢瓦广场的一家普通餐馆进餐，那儿的饭菜十分可口，还有美酒佳酿佐饭。广场对面就是国家图书馆。

“你去赛马场的次数不多呀，迈克。”我说。

“是的。好长时间都没去过了。”

“那你为什么不去呀？”

“我也说不清。”迈克说，“哦，不，其中的原因我是很清楚的。赌赛马纯粹是花钱买刺激，划不来！”

“你再也不到赛马场去了吗？”

“遇到大型比赛，参赛的是良种骏马，还是要去看看的。”

我们一边神聊，一边在餐馆自制的可口面包上抹鱼酱，一边喝着白葡萄酒。

“你曾经一度对赛马很着迷，是不是，迈克？”

“哦，是的。”

“你觉得有什么比赛比赛马更值得看呢？”

“自行车赛更值得看。”

“真的吗？”

“看自行车赛不用花钱押赌注。你看了就知道了。”

“赌赛马太耗时间。”

“耗的时间太多，把你所有的时间都占去了。还有，我不喜欢那儿的人。”

“我过去对赛马十分感兴趣。”

“的确如此。现在情况好了吧？”

“现在都好了。”

“只要放弃了就好。”迈克说。

“我已经不再去了。”

“这样做很不容易哟。喂，伙计，哪天咱们去看自行车比赛。”

这是一种新生事物，一种精彩的赛事，我还知之甚少。如果现在不开始接触，以后早晚也会接触的。当我们在巴黎旧有的生活方式被打破后，这种新生事物将会成为我们生活中的一个重要组成部分。

不过，有很长一段时间，我们只是满足于现状——蜗居在巴黎的家中，远离赛马场，专心过自己的日子和写作，欣赏欣赏自己熟悉的画作，两耳不闻窗外事，不愿再靠赌博挣钱，哪怕是冠以再好听的名称。至于自行车赛，我已经写过多个短篇；但若论描绘车赛那惊心动魄的实况（或室内赛，或室外赛，或公路赛），我还没有写过一篇。我要写一篇赛车场感怀，写那儿弥漫着烟雾的午后阳光，写那儿高度倾斜的木质车道，写赛手冲过时，车轮在木质车道上飞驰而发出的呼呼声，写赛手在爬坡和下冲时所采取的措施和策略，写赛手紧贴车身，二者密不可分。我要写中距离车赛的神奇魅力，写摩托车的轰鸣声，写坐在摩托车后拖斗里的陪骑员——那些陪骑员头戴沉重的防撞头盔，穿着笨重的皮夹克，身躯后倾，为跟随在他们后面的赛手挡住迎面袭来的气流，而那些赛车人戴着比较轻巧的防撞头盔，身子低低地伏在车把上，两脚蹬着巨大的链轮，那些小前轮几乎能碰到那辆为他们挡住气流的摩托车后面的拖斗。我要写那无比激动人心的赛手之间的较量——摩托车噗噗噗作响，几个赛手胳膊肘挨胳膊肘，车轮挨着车轮，一会儿爬高，一会儿下冲，闪电般骑了一圈又一圈，最终定会有人掉队，这时，原先被遮挡住的气流便会向他扑来。

车赛形形色色，种类繁多。有激烈抗争的短程赛，或称二人对抗赛——两个赛手会在比赛中稳中求进，有意暂时让对手领先，不慌不忙地骑了一圈又一圈，最后猛地冲刺，以惊人的速度一举夺魁。有全程两小时的团体计时赛；有分阶段的激烈的系列短程赛（这种比赛一赛就是一下午）；有单人计时赛，赛手按计时表完成一小时的比赛，纯粹比的是速度；有百公里长途赛，异常危险，但场面壮观（这种比赛在布法罗体育场的圆形赛车场那五百米长的朝里倾斜的木质赛车道上进行）；有在蒙鲁日露天体育场举办的对抗赛（自行车跟在摩托车后进行比赛）——这种比赛的冠军是伟大的比利时人利纳尔特，人称“苏族人”（他的脸部侧面看上去像苏族印第安人），快到终点时他会低头用橡皮管喝几口樱桃白兰地（那白兰地盛放在他的赛车服怀里的一个热水瓶里），然后加速，快得像闪电；还有法兰西全国锦标赛（比赛时自行车跟在摩托车后面），在欧特伊附近王子公园的那条六百六十米长的水泥跑道上进行——那条跑道的路况极其恶劣，我们亲眼看见著名的赛车手加耐从车上栽了下来，戴着防护头盔的脑壳啪的一声被摔裂了，就像你在野餐时剥鸡蛋壳把鸡蛋在石头上磕了一下所发出的那种声音。我一定要写那历时六天的车赛所展现的奇异景观，写山间越野赛那扣人心弦的场面。只有用法语写才能将这样的小说写好（所有的有关术语都是法语的），所以我写作时步履维艰。迈克说得对：看自行车赛不用花钱押赌注。但那只是我们在巴黎生活的一个片段。

第八章

饿体肤，苦心志

在巴黎，如果你腹中乏食，你会有一种强烈的饥饿感——面包房的橱窗里摆着许多好吃的东西，食客们在人行道上的餐桌旁大吃大喝，你眼睛里看到的是美食，鼻子里闻到的是美食的香味，这些都会拱动你的馋虫。你放弃了新闻工作，却还没有写出一篇在美国有人愿意买的小说，这时你跟家里人撒了个谎，说要去赴一个饭局。那么，你最好还是到卢森堡公园去吧。到了那里，你从天文台广场走到沃日拉尔路，途中既看不到美食，也闻不到美食的香味。既然不能饱口福，你可以进卢森堡博物馆饱眼福——你肚子里没有东西，饿得发晕，这时你会觉得那些名画线条清晰，画面无比美丽。正是在饥肠辘辘的情况下，我才对塞尚有了更深的了解，真正明白了他的那些风景画是怎么创作出来的。我禁不住想：他创作时可能也饿着肚子——也许他忘记了吃饭。你睡不着觉、吃不上饭的时候，很可能会产生这种荒诞但很励志的想法。后来我觉得塞尚大概也在忍饥挨饿，只是在方式上有所不同罢了。

出了卢森堡博物馆，你可以沿着狭窄的费鲁路走到圣叙尔皮斯广场。那儿没有餐馆，只有静悄悄的空地、长椅和树木，有一座喷泉和狮子塑像，还有一些鸽子（有的大摇大摆在人行道上走动，有的落在主教塑像上）。除此之外，还有一座教堂以及一些商铺（那些商铺位于广场北侧，出售宗教用品和牧师穿的法衣）。

离开广场，如果到河边去，你沿途势必会路过水果店、蔬菜卖场、酒馆、面包房和糕饼店。不过，要是精心择路，向右绕过那座灰白的用石块建的教堂，到达罗迪昂街，然后向右拐弯走向西尔维亚·比奇的书店，路上就不会遇见多少餐馆和食品店了。罗迪昂街上一家餐馆都没有，要一直走到前边的广场才能看见三家。

待你抵达罗迪昂街12号[1]时，你的饥饿感便已经得到了控制，而观察力和思考能力却得到了提升。你会觉得墙上的那些照片大放异彩，会发现一些以前从没见过的好书。

“你真太瘦了，海明威。”西尔维亚会这样对我说，“你吃得够饱吗？”

“当然能吃饱。”

“午饭你吃了什么？”

[1] 西尔维亚·比奇创建的莎士比亚公司的所在地，也是很多作家的文化沙龙。

我饿得胃里直泛酸水，但嘴里却敷衍道：“我现在正打算回家吃午饭呢。”

“下午三点才吃午饭？”

“想不到都这么晚了。”

“那天晚上，艾德里安娜说想请你和哈德莉吃顿饭。可以把法尔格也请来。你喜欢法尔格，对不对？或者请拉尔博。拉尔博你是喜欢的，这我心里有底。反正不管请谁吧，只要你喜欢就行。你能跟哈德莉说一声吗？”

“我知道她一定会非常高兴的。”

“那就托你带口信了。吃饭吃不好，就不要太辛苦了。”

“我不会太辛苦的。”

“那你就回家吃午饭吧，别太晚了。”

“他们会把我的饭留下的。”

“不要吃冷食。午饭应该趁热吃。”

“有我的邮件吗？”

“大概没有吧。不过，还是先叫我看看再说吧。”

她查了查，结果找到了一个邮件，然后高兴地抬头看了看我，打开了一个合着的桌子抽屉。

“这是我出去的时候送来的。”她说。那是一封信，里面似乎装的有钱。“是韦德尔科普寄来的。”她解释道。

“准是《横截面》[1]寄来的稿酬。你见过韦德尔科普吗？”

“没有。不过他跟乔治都在这座城市里，早晚都会见你的。别担心。他可能是想先把稿酬付给你。”

“那是六百法郎。他说以后还会付更多的。”

“我真高兴，多亏你的提醒，我才查了查邮件。谢谢你，亲爱的好好先生。”

“真是滑稽，我的稿子只能卖到德国去，卖给《横截面》和《法兰克福日报》。”

“是吗？不过，你不必因此而心烦。你可以拿些短篇小说卖给福特呀。”她打趣说。

“一页稿子三十法郎。就算每三个月在《大西洋彼岸评论》上发表一个短篇吧，一个季度一个五页长的短篇只能得一百五十法郎，一年总共才六百法郎。”

“海明威，你可别仅仅计较稿酬。问题的关键是你能把稿子写出来。”

“这我清楚。稿子是可以写出来的，但没人买也白搭。自从放弃了新闻工作，就再也没有挣到过钱。”

“一定能卖出去的。瞧，这不就有一笔稿酬到手了嘛。”

“抱歉，西尔维亚。请原谅我这般发牢骚。”

“这有什么可原谅的？随便聊聊，不说这也会说别的嘛。你也知道，当作家，各有各的烦恼，谁没有满肚子的苦水？我要你

[1] 德国的一家文学月刊。

答应我：一是不要为稿酬焦虑，二是一定要吃饱肚子。”

“我答应你。”

“那就回家去吃午饭吧。”

出了门走到罗迪昂街上，我好一顿自责，怪自己不该发那么多的牢骚。我饿肚子完全是自作自受，是一种愚蠢行为。我完全可以买一个大面包吃进肚子里，而不该跳过一顿饭。那烘得焦焦的棕色面包让人垂涎欲滴！不过，光吃面包嘴会发干，总还得喝点什么！“你这个牢骚满腹的家伙！你是一个肮脏的伪圣人、假殉道者！”我对自己说，“你放弃新闻工作，是你自己愿意那样做！你是个守信誉的人，只要开口，西尔维亚会借钱给你的。借她的钱，你不知借了有多少次了。借钱是没有问题的，但你得在别的地方妥协让步。其实，饥饿有益于健康，饿肚子的时候欣赏画效果更好。话虽如此，吃饭毕竟是一种享受！眼下，该到何处去吃饭呢？”

要去就去利普饭店，在那儿美美吃一顿，喝上几杯！

利普饭店很快就能走到。路上，每经过一个供吃喝的地方，我的胃跟我的眼睛或鼻子一样很快就注意到了，给走这段路增添了一份乐趣。利普饭店的啤酒餐厅里人很少，我在一把靠墙的长椅上坐下来，背后有一面大镜子，前面则是餐桌。侍者问我要不要啤酒，我点了一份高档啤酒，盛在一个大玻璃杯里，足足有一公升，又点了一份土豆沙拉。

啤酒冰凉冰凉，口感极好。土豆煎得硬硬的，在卤汁里浸泡过，橄榄油的味道鲜爽可口。我在土豆上撒了点儿黑胡椒面，把面包在橄榄油里浸了浸，先喝了一大口啤酒，然后便慢慢地又吃又喝。土豆吃完后，我又要了一份，另外还点了一份熏香肠。这种熏香肠有点像法兰克福香肠，又粗又大，从中间劈开，涂上特制的芥末酱。

我用面包蘸着橄榄油和芥末酱，把它们吃了个精光，然后就慢慢喝啤酒，细品慢咽。等到啤酒的凉爽劲开始消失的时候，我便将剩下的酒一饮而尽，接着又要了半升，看着侍者为我斟酒。这份酒比刚才的那份好像更凉爽，我一仰脖子就喝了半杯。

若说我的那些稿子，我一点都不担心，知道那是些好稿子，国内早晚会有人愿意出版的。我放弃新闻工作时，就胸有成竹，知道那批短篇小说一定能出版。可是，我寄出的稿子屡屡被退回。令我信心不减的是：爱德华·奥布赖恩[1]把我那篇《我的老头儿》编入了《最佳短篇小说选》，并且把当年的那一期献给了我。想到这里，我哑然失笑，又喝了几口啤酒。那个短篇从未在杂志上发表过，他却破了自己定的规矩，将其收入了《最佳短篇小说选》。我不禁哈哈又笑出了声，引得侍者瞥了我一眼。更可笑的是：尽管爱德华·奥布赖恩如此看得起我，却把我的名字拼写错了。在

[1] 美国作家、编辑，每年编选一期《最佳短篇小说选》。

这之前，哈德莉有一次将我写的稿子放进衣箱里，结果在里昂车站连箱子被人偷走了。最后只剩下了两个短篇，《我的老头儿》就是其中的一篇。她原来是准备把那些稿子带到洛桑交给我，给我一个惊喜，这样我们在山区度假时我就可以对稿子进行润色。她当初把原稿、打字稿和复写的副本一股脑儿放进了马尼拉文件夹里。这篇稿子之所以能够幸存下来，完全是因为林肯·斯蒂芬斯[1]曾把它寄给了一个编辑，而那个编辑又将其寄了回来——其他稿子失窃时，这一篇则在邮寄途中。幸存的另一篇稿子名为《在密歇根州北部》，是早在斯泰因小姐来我们家做客之前就写好了，由于她说这篇稿子有伤大雅，我一直没有誊写。草稿就一直躺在抽屉的哪个地方睡大觉。

话说那次离开洛桑，我们又去了一趟意大利。在意大利，我把那篇描写赛马的《我的老头儿》拿给奥布赖恩看。他温文尔雅，样子有点腼腆，眼睛呈淡蓝色，头发直直的，很难看，发型是他自己修剪的。当时他住在拉帕洛[2]旁边一座山上的修道院里写稿子。我那时的处境很糟，有点江郎才尽的感觉，竟然愚蠢地把那个短篇拿给他看——这简直就像是出示一艘出事轮船所残留下的罗经柜（那艘船由于某种令人无法置信的原因而下沉），或者出示一只穿着靴子的残废了的脚（你开玩笑地说这只脚是在一次飞

[1] 美国杂志编辑、记者，是美国新闻界揭露丑闻运动的领导人之一。
[2] 意大利热那亚省的一个小镇。

机失事时致残的）。他读那个短篇时，看得出他远比我伤心[1]。除了面临死亡或者经受无法承受的痛苦，我还没见过有谁比他更伤心的——这不包括哈德莉那次把稿子弄丢后向我诉苦的时候。哈德莉起初不停地抹眼泪，哭了又哭，就是无法说出口。我告诉她，哪怕是天塌地陷也不当紧，也没什么大不了的；不管发生了什么事情都不必担心，总会找到补救办法的。最后，她终于把事情说了出来。我听后觉得她不可能把复写的副本也一起带来弄丢了，于是便花钱雇人帮我采访（我当时从事新闻工作，薪酬丰厚），自己急忙乘列车回巴黎去，结果发现哈德莉说的是实情。那天晚上回到家中，证实了哈德莉的话，我简直伤心欲绝——当时的情况我至今仍记忆犹新。现在，一切都过去了，往事不堪回首。琴科曾教导我：死伤由命，不要老说来说去的。那次，我拿这话安慰奥布赖恩，让他别太难过。塞翁失马焉知非福——早期作品遗失，也许对我还是件好事呢。反正我对奥布赖恩说的都是些胜败乃兵家常事之类的话。我说我还会写出新的短篇故事的。如此说，也只是不想让他太难过罢了。但我心里清楚：我一定会这么做的。

在利普饭店吃饭时，我浮想联翩，回忆着自己在早期作品遗失后究竟在何时又开始振作起来，写出了一篇新的故事。那是在科尔蒂纳丹佩佐[2]——当时，我中断了春季的滑雪，被派往德国的莱茵兰和鲁尔区采访，之后又返回科尔蒂纳丹佩佐与哈德莉会

[1] 故事里的主人公“老头儿”在一次事故中意外死亡。
[2] 意大利的一个小镇。

合。那是一个极简单的短篇，叫作《禁捕季节》，原来有主人公（一个老人）上吊自杀的结尾，却被我一笔删掉了。这种大刀阔斧的删减是我的新理论——能简化就简化，如此能加强小说的感染力，令读者有更深的感受，品味到弦外之音。

我觉得自己就是这么做的，结果叫人有点看不懂。对这一点不会有多大疑问的。这样的作品自然没有人愿意看。不过，人们终究会理解的，这跟欣赏绘画一样——先是不懂，最后理解。这需要时间和耐心！

话说饿肚子，你得减少食量，有必要好好控制自己，这样就不会过多思考饮食方面的事情了。饥饿是良好的锻炼，会让你获益匪浅。在这方面，众生还尚不理解，而我已胜他们一筹了。我敢肯定自己已远远领先于他们——我连一日三餐都吃不起。即便他们能赶上来，也不是坏事。

我踌躇满志，觉得必须写一部长篇小说才甘心。但这似乎是一件不可能做到的事情——我曾经尝试着写过一些段落，想以此作为长篇小说的组成部分，却感到千难万难。写长篇势在必行，这就跟你要参加长跑比赛一样，得进行长跑训练。

其实，我是写过一部长篇的，草稿被妻子放进衣箱，在里昂车站失窃了。我仍具有少年时期的那种抒情能力——一种像青春一样容易消逝而不可靠的能力。草稿的遗失未必不是件好事，但必须重打锣鼓另开张，再写出一部长篇来！不过，此事得从长计议，必要时再动笔。狗屁从长计议！要吃饭就得立刻动手写，非写不行！现在已到了山穷水尽的地步，已经没有了退路。那就积累素材吧。与此同时，先利用自己最熟悉的素材写一个比较长的短篇，以解燃眉之急。

想着想着，我已付了账走出了利普饭店，向右拐弯跨过雷恩街（走这条路是为了躲开双叟咖啡馆[1]，不到那儿喝咖啡），然后抄近道走波拿巴路回家。

此时，我仍在苦苦思索：究竟有哪些自己熟悉的素材还没有写过？究竟有哪些素材是自己真正了解和最关心的呢？对于这些，我无法做出决断。我所能决断的是应该走哪条路以最快的速度走到一个自己能写作的地方。于是，我沿着波拿巴路走到古伊尼莫路，再从那儿到阿萨斯路，最后抵达圣母院大街，步入丁香园咖啡馆。

我在一个角落里坐下挥笔疾书，午后的阳光越过我的肩头照进来。侍者送来一杯奶沫咖啡，稍凉后我喝了半杯，随即将杯子放下继续写作。甚至在停下笔时，我心里仍念念难忘那条大河[2]，仿佛看见鲑鱼在水潭里游动，水流静静拍打着阻住其去路的木桩

[1] 位于巴黎日耳曼大街。

[2] 海明威此时正在写名篇《“双心”大河》。

桥墩。这篇故事讲的是一个战士从战场还乡后的生活，对战争却只字未提。

次日早晨，我还要写那条大河，必须把大河那儿的情景，把附近的风光以及那儿发生的事情一一展现出来。我要从从容容地写，每天都写，其他的事情可以放在一边。现在口袋里有了德国寄来的稿酬，生活不成问题。这笔钱用完，还会有别的钱进账。

目前要做的是保持身体健康和头脑清醒，次日早晨重新投入工作当中。

第九章

福特·马多克斯·福特和魔鬼的门徒

当我们住在圣母院大街 113 号靠近锯木厂的那幢公寓时，离我们最近的好咖啡馆是丁香园咖啡馆，也是巴黎最好的咖啡馆之一。冬天这儿暖洋洋的，春秋季则可以坐在外边喝咖啡——在人行道的树荫下摆几张桌子（桌子是清一色的方桌，沿林荫大道一字排开，头顶是硕大的遮阳伞），旁边就是内伊元帅的雕像，真是别具一番情调。这家咖啡馆有两个侍者和我们成了好朋友。圆亭咖啡馆和劳特尔多咖啡馆[1]的顾客是绝对不会来这种地方的，因为来这儿不会有人认识他们，也不会有人关注他们。那年头，人们对位于蒙帕纳斯林荫大道和拉斯帕伊林荫大道交接处的那两家咖啡馆趋之若鹜，都想在那儿露露面，在某种程度上是想让专栏记者报道他们，以一日的显赫博得万古美名。

[1] 这两家咖啡馆在国际上享有盛名，是名人雅士常来常往之地。

丁香园咖啡馆曾经一度是诗人们定期聚会的场所，而最后一位露面的巨匠诗人是保罗·福尔[1]（可惜他的作品我从未拜读过）。而现在，我唯一能见到的诗人只有布莱斯·桑德拉尔[2]了，脸上伤痕累累，像是拳击场上留下的，一只空袖子挽起用别针别着，抽烟时用那只剩下的完好的手卷烟丝。在没有喝高的情况下，他可以成为你很好的伙伴。一喝高，他就信口雌黄、谎话连篇，即便如此也比许多不撒谎的人风趣。到丁香园来的诗人只有他一个了，我却在这儿仅见过他一次。如今，来丁香园的多为老者，留着大胡子，穿着褪了色的衣服，或带妻子，或带情妇，有的在衣服的翻领上佩有荣誉军团的细条红绶带。我们怀着良好的愿望将他们视为科学家或学者——他们会要一杯开胃酒坐在那儿消磨时光，几乎跟那些衣着比较寒酸、胸前挂着法兰西科学院的荣誉紫色绶带、带了妻子或情妇来喝牛奶咖啡的人坐的时间一样长（我们觉得他们挂绶带并不意味着他们就是院士，而可能是大学里的教授或讲师）。

由于这些人的到来，丁香园咖啡馆成了一个充满温馨情调的地方，因为他们相互关心，只对美酒、咖啡和自制饮料感兴趣，只对那些夹在报架上的报纸感兴趣，无人想出风头吸引别人的眼球。

---

[1] 法国诗人，被称为“象征派诗王”。

[2] 瑞士出生的小说家和诗人，于1916年入籍法国。他是欧洲现代主义运动中颇具影响力的作家。

丁香园咖啡馆另外还有一些别的顾客，他们有的上衣翻领上佩着军功十字章，有的则佩戴黄绿两色的奖章。这些顾客是伤残军人，有的缺胳膊少腿，生活中需要克服由此而带来的不便；有的失去了眼睛，换上了假眼；有的脸部受伤，做了整容手术——大换脸后，他们的面部总会留下红红的、发亮的痕迹，就像滑雪板在雪地上压出的印迹。我留心观察着这个人群，观察他们的一举一动，观察他们假眼的质量以及脸部手术的效果。对他们，我们深怀敬意，甚于对那些学者或教授的尊敬——学者或教授可能也有过冲锋陷阵的经历，但他们毕竟没有致残。

那年头，我们对没有打过仗的人一概缺乏好感，但对打过仗的并不一定人人都有好感。对桑德拉尔我们就颇不以为然，觉得他虽然失去了一条胳膊，也不该那般炫耀。这天下午，他来丁香园来得早，那些常客尚未露面，这叫我感到高兴。

黄昏时分，我坐在丁香园外面的一张桌子旁，观察着树木和房屋上光影的变化，观察着远处几匹马在林荫大道上慢慢行走。就在这时，我身后右侧咖啡馆的门开了，一个人出了咖啡馆，来到了我跟前。

“嗬，你在这里坐着呢。”他打招呼说。

来者是福特・马多克斯・福特（他当时用的是这个名字），

喘着粗气，嘴上的八字胡又浓又密，染了颜色，身子挺得笔直，像一个能走动的、包装得很好的倒置的大酒桶。

“我能坐在这儿吗？”他一边说着一边坐了下来，眼球是淡蓝色的，眼皮和眉毛淡而无色，目光投向远处的林荫大道。

“我这一辈子不知用了多少年致力于一件事——宰猪杀羊也应该讲人道。”

“这话听你说过。”我说。

“我想我没对你说过。”

“你百分之百说过。”

“这就非常怪啦。我绝对没告诉过任何人。”

“喝一杯好吗？”

侍者正站在跟前，于是福特对他说自己要一杯香百丽黑醋栗酒。那位侍者瘦高瘦高，头顶已秃，用旁边的头发虚掩在上面，留一簇浓密的老式龙骑兵胡子。他听后，又重复了一遍福特要的酒。

“不要香百丽酒了。还是来一杯兑水的白兰地吧。”福特说。

和福特在一起，我总不愿正眼看他。要是在密闭的房间里，我会屏住呼吸，怕闻他的气息。不过，此时我们是在室外，人行道上的落叶是被风从我这边吹向他那边的。于是我就直视了他一眼，结果马上就后悔了，便将目光移向了林荫大道那边。光影又发生了变化，而我却未能看到那一幕。我怀疑由于他的到来，连酒的味道都变糟了，于是便尝了一口，发现酒味仍香醇如初。

“你好像心情不好。”他说。

“哪里的话。”

“是的，的确如此。你应该多出来散散心。我来是想邀请你参加一个小型晚会，地点在勒穆瓦纳主教街的小风笛歌舞厅，离康特斯卡普广场不远。”

“你这次来巴黎之前我就住在那儿，住了有两年。”

“这就怪了。你敢肯定吗？”

“敢肯定，”我说，“没一点错。歌舞厅的老板还兼开出租。我到机场，他就送我去。出发之前，我们会摸黑到歌舞厅的吧台去，在那儿喝上一杯白葡萄酒，然后再走。”

“我可从来不喜欢乘飞机。”福特说，“你和你妻子准备好星期六晚上去小风笛歌舞厅吧。我给你画一张地图，这样你就能找到了。那地方是我路过时偶然发现的。”

“那家歌舞厅就在勒穆瓦纳主教街74号的楼下，”我说，“我当时住在三楼。”

“歌舞厅没有门牌，”福特说，“不过，你能找到康特斯卡普广场，就能找到它。”

我又喝了一大口酒。侍者送来了福特要的酒，可是福特却对他说："我要的不是白兰地加苏打水，而是香百丽黑醋栗酒。"他说话的语气不恼不怒，但很严厉。

"没关系，让，"我对侍者说，"这杯酒我要了。先生现在点什么你就给他送什么来吧。"

"不是现在点的，而是刚才点的。"福特纠正道。

这时，有个面色颇为憔悴的男子披着斗篷从人行道上走过去，身旁是一个高个子女人。他朝我们这儿瞥了一眼，然后转过眼去，沿着林荫大道走远了。

"我对他视而不见，你看到了吧？"福特说，"我对他视而不见，你看到了吧？"

"没注意。你在说谁呀？"

"我在说贝洛克[1]。"福特说，"对于他，我视而不见！"

"我没注意到。"我说，"你为什么要那样做呢？"

"有一千条一万条的理由。"福特说，"这算给了他个下马威。"

他沾沾自喜，有点飘然若仙。我从未见过贝洛克，也不认为他刚才看到了我们——他刚才经过时好像在想心事，瞥我们那一眼几乎是无意识的。福特对他如此无礼，这叫我觉得不舒服。我

[1] 20世纪初英国最多产的作家之一。

是一个在事业上刚起步的年轻人，对前辈有着崇高的敬意。如今这让人无法理解，那年头却是司空见惯的现象。

我当时心想：如果贝洛克在我们桌前留住脚步，那该是一件令人高兴的事情，那样我就可以结识他了。这一下午算是叫福特给毁了，贝洛克如果停下来，情况也许会好些。

“你为什么要喝白兰地呢？”福特问我，“难道你不知道染上白兰地的酒瘾对一个年轻作家是致命的吗？”

“这种酒我是不常喝的。”我支吾道。此时的我正在努力回忆埃兹拉·庞德对我说过的话——他叮咛我万不可对福特说出格的话，让我记住：福特只有在十分疲倦的时候才撒谎；福特是一个真正的优秀作家，只是祸起萧墙，使他备受磨难。庞德的叮咛言犹在耳，可是现在福特就在我眼皮底下，离我咫尺之遥，呼哧呼哧喘着粗气，言行令人作呕，这就叫我受不了了。不过，我仍竭力克制着自己。

“请问：一个人为什么要对他人视而不见呢？”我问道。这之前，我以为只有在奥维达[1]的小说里才有这样的情节。其实，奥维达的小说我连一本都没有看过。即使在瑞士的一个滑雪胜地，当潮湿的南风刮起，读物已经看完，只剩下一些战前的泰赫尼茨

[1] 英国女小说家。

版[1]的书籍时，我也没看她的书。但根据第六感觉，我断定她小说里的主人公彼此视而不见，互相不理睬。

“一个有教养的人遇见无赖，一般都会视而不见。”福特解释说。

我咕咚喝了一口白兰地，问道：“遇见一个粗汉，他也会这样吗？”

“一个有教养的人是不可能跟粗汉打交道的。”

“如此看，你只对和自己地位平等的熟人视而不见喽？”我追问道。

“这是自然的。”

“一个有教养的人怎么会结识一个无赖呢？”

“你也许不知道他是个无赖，或者说他后来变成了无赖。”

“什么样的人才是无赖呢？”我问道，“是不是人见人恨，恨不得食其肉寝其皮的那种人？”

“那倒不一定。”福特说。

“埃兹拉是个有教养的人吗？”我问。

“当然不是，”福特说，“因为他是个美国人嘛。”

“难道美国人成不了有教养的人？”

“也许约翰·奎恩算得上是个有教养的人，”福特解释说，“他是你们的一个大使。”

[1] 泰赫尼茨是德国打印机和出版商家族的名字。他们在英国以外的欧洲大陆出版英文文学作品。

“麦伦·特·赫里克[1]是不是？”

“大概是吧。”

“亨利·詹姆斯是个有教养的人吗？”

“差不多吧。”

“你是个有教养的人吗？”

“当然是喽。我持有英王陛下的委任状[2]。”

“这是一个非常复杂的问题哟。”我说，“你看我是不是个有教养的人？”

“绝对不是。”福特说。

“那你为什么跟我在一起喝酒？”

“我跟你一起喝酒是因为你是一个有前途的青年作家。事实上，我把你看作一个同行。”

“承蒙你看得起。”我说。

“在意大利，你也许会被视为一个有教养的人。”福特宽宏大度地说。

“在这里，总不能将我看作无赖吧？”

“当然不会的，亲爱的老弟。谁说过这样的话？”

“我以后也许会变成一个无赖的，”我沮丧地说，“因为我喝白兰地，什么酒都喝。特罗洛普[3]小说里的哈里·霍特斯珀勋

[1] 美国外交家，曾担任美国驻法国大使。在巴黎第八区设有一条以他的名字命名的街道。

[2] 福特·马多克斯·福特曾持有英王的特别委任状，第一次世界大战中在法国打过仗。

[3] 英国作家。

爵就是这样给毁掉的。请问，特罗洛普是个有教养的人吗？”

“当然不是。”

“你敢肯定吗？”

“别人对他可能有两种看法，而我的看法只有一种。”

“菲尔丁[1]是吗？他可是当过法官的。”

“技术上说或许是吧。”

“马洛[2]呢？”

“当然不是。”

“约翰·邓恩[3]呢？”

“他是一个教士，而非有教养的人。”

“你的话太有意思了。”我说。

“很高兴你能感兴趣。”福特说，“最后陪你喝一杯兑水的白兰地，然后我就走了。”

福特离开后，天已经黑了。我走到书报亭去买了一份《巴黎赛事概况》，那是午后出版的赛马报的最后一版，报道欧特伊赛马场的比赛结果以及关于次日在昂吉安比赛的预告。侍者埃米尔已经接替了让的班，此刻来到我的桌子跟前，想了解欧特伊最后一场赛马的结果。这时，我的一位密友（此人很少来丁香园咖啡馆）走了过来，在我身旁坐了下来。正当他向埃米尔点酒水时，那个

[1] 英国作家，其代表作是《弃儿汤姆·琼斯的历史》。
[2] 英国诗人。
[3] 17世纪英国玄学派诗人、教士。

面色憔悴、披着斗篷的男子跟那位高个子女人沿着人行道从我们跟前走了过去。男子朝我们扫了一眼，然后就把目光移开了。

“那是希拉里·贝洛克。”我对密友说，“福特今天下午就坐在这里，给了他个‘视而不见’。”

“别犯傻了，”我的密友说，“那是阿莱斯特·克劳利[1]，一个会施妖术魔法的人。他堪称是世间最邪恶的人。”

“噢，对不起。”我说道。

[1] 英国的神秘学者，但更多人称呼他是“野兽之王”或是“启示录之兽”，更有人称他是“世上最邪恶的人”。

第十章

一个新流派的诞生

写作时，需要有以下的要素：几本蓝皮笔记簿、两支铅笔和一只卷笔刀（用袖珍折刀过于浪费）、大理石面的桌子、清晨的气息、明窗净几和好的运气。若想有好的运气，你就在右边口袋里放一颗七叶树的坚果和兔子的一条小腿[1]。兔子腿上的毛早已被磨掉，露出的骨头和腱被摩擦得亮亮的。兔子的爪子在你口袋的衬里上抓挠着，于是你知道你的运气还在。

有时候，你笔走龙蛇，写得顺风顺水，描写乡村风光，就好像自己身在其中——你穿过林地来到一个空旷处，然后爬上高坡，放眼观望那湖湾后边的群山。铅笔的铅芯可能会断在卷笔刀的圆锥形口中，你得用削铅笔的小刀把它清除出来，要不然用那小刀尖利的刀刃小心地把铅笔削尖，然后再回到你描写的情境中——

[1] 按照西方民间的说法，有一颗七叶树的坚果和兔子的一条小腿便可以逢凶化吉。

你把一只胳膊塞进背包上那汗水浸湿的皮带环里，再次提起背包，将另一只胳膊也塞进环里，这时背包的重量就压在了你的背上。于是你下了土坡向湖边走去，鞋子踩在松针上软软的。

你正写得入神，耳畔却响起了一个人的说话声："嗨，海姆[1]，你这是在搞什么？怎么在咖啡馆里写作？"

这一下，你的好运气顿时便会跑到爪哇国了。气得我啪地合上了笔记簿。最糟的就是遇到这种事情。忍气吞声固然是仁者之风，但我却咽不下这口气，于是发作道："你这个狗娘养的，为什么不待在狗窝里，跑到这里添什么乱？"

"别出口伤人。你明明就行为古怪嘛。"

"闭上你那满口喷粪的臭嘴，快从这里滚出去！"

"咖啡馆是给公众开的，你能来，我也能来。"

"你为什么不到匹梯太咖啡馆[2]去？那才是你应该去的地方！"

"哟嘿，请别说这种刺耳的话好不好！"

这时你可以一走了之，希望这不过是一次意外的相遇，来者只是偶然进来坐坐而已，并非故意要和你为难。此处不能待，可以去别的咖啡馆里写作嘛。可是，到别的咖啡馆要跑很远的路。丁香园咖啡馆是我的家园，被人撵出去未免太丢面子。我面前有

[1] 海明威的昵称。

[2] 三教九流聚会的场所。

两条路：要么坚持不走，要么拍屁股走人。离开这里不失为上策，可是我心里的怒气却冒了出来，只听我大喝一声：“听着，天下有的是咖啡馆，你这种下贱的人都可以去。为什么偏偏跑到这儿来，糟蹋这么一家体面的咖啡馆呢？”

“我只不过是想来喝一杯。这有什么不对的吗？”

“在家乡，他们会给你端上一杯酒，然后把玻璃杯砸碎。”

“你说的家乡在哪里？听上去怪有意思的。”

来者坐在邻桌，是个胖胖大大的年轻人，戴着眼镜。他点了一杯啤酒。我决定不再理他，安下心来写作。于是我不再说话，写了两行字。

“我没别的意思，只是想跟你聊几句罢了。”他说。

我埋头写作，又写了一行字。此时我全身心投入，心无旁骛，达到了忘我的境界。

“我看你是大人物了，伟大得不得了，谁也不能跟你说话了。”

我又写了一行字，给那个段落画了句号，将整个段落读了一遍，觉得还不错，于是另起一段，为新的段落写下了第一句话。

“你心里从来就没有别人，从不管别人是否遇到了问题。”

发牢骚，我这一辈子可是没少听，影响不了我写作，并不比别的噪音差到哪里去，反正肯定比埃兹拉吹巴松管所产生的噪音强。

“假如你想成为一名作家，全身上下无一处没有这种感觉，可就是笔头滞涩，那该如何是好？”

我继续挥笔疾书，此时不仅文思泉涌，而且好运也接踵而至。

“假如你灵感从天而降，势不可挡，后又突然消失，使得你一句话也写不出来，成了个闷葫芦，那该如何是好？”

我心想，再怎么也比瞎唠叨制造噪音好。我仍在手不停挥地写作。而他话匣子已打开，话多得令人难以置信，但就像锯木厂里锯厚木板时发出的那种噪音一样，反而叫我情绪镇定。

对于他的话，我一句也没听进去，全当成了噪音。过了一会儿，只听见他说：“我们去了一趟希腊。”此时，我已提前完成了写作任务，可以就此搁笔，明天继续写。于是我接过话头说：

“你说什么来着？你说你会讲希腊语，还是到希腊去了一趟？”

“别那么讨厌好不好！”他说，“想不想让我细细讲给你听？”

“不用了。”我说着，合上了笔记簿，把它放进口袋里。

“你不想听听是怎么一种情况吗？”

“不想。”

“对于一个同行的生死和苦难，难道你一点都不关心吗？”

“反正对你的我是不关心。”

“你真可恶。”

“是的。”

“我原以为你能帮我一把呢，海姆。”

“我倒是很乐意一枪毙了你。”

“真的吗？”

“当然不是真的，因为那是犯法的。”

“我愿意为你做任何事情。”

“真的吗？”

“当然是真的。”

“那你给我离这家咖啡馆远远的。这是要你做的第 ·件事。”

我说完站了起来。侍者跑过来，我付了账。

“可以陪你走到锯木厂吗，海姆？”

“不可以。”

“好吧，改天再见。”

“可不是在这儿。”

“非常好，就这样吧。”他说，“我答应你。”

“你正在写什么？”我一念之差，竟这么问道。

“我正在全力以赴投入写作当中，就像你一样。可是难得要命。”

“如果写不出，就不要写了。何必要大张旗鼓搞什么写作呢？

不如回家去找份工作干。也可以找根绳子上吊。就是不要针对写作高谈阔论了。你就不是那种料。”

“此话怎讲？”

“你刚才说的是什么你都不知道吗？”

“我说的是写作呀。”

“劝你闭上你的嘴。”

“你可真残忍。”他说，“人人都说你残忍、没有心肝而且自高自大。我总是替你辩护。可今后再也不这样做啦。”

“很好。”

“对于一个同行，你怎么能这样残忍呢？”

“我也不知道。”我说，“听着，要是你不会创作，干吗不学着写评论呢？”

“你认为我该写评论吗？”

“这会是一个很好的选择。”我说，“那时你就总有东西写，不用担心有没有灵感了，也不用担心笔头会不会滞涩了。人们会捧读你的评论，尊重你的观点。”

“你认为我能成为一位优秀的评论家吗？”

“我不知道能有多优秀，但有一点是肯定的——你能成为一位评论家。那时，总会有人帮助你的，你也可以帮助你的同伴。”

“我的同伴？你指的是谁？”

“就是那些和你在一起混的人。”

“喔，他们呀。他们都有自己的评论家。”

“你不一定要评论书籍，”我说，“还有绘画、剧本、芭蕾、电影什么的……”

“经你这一说，听起来倒很吸引人，海姆。非常感谢你。太令人兴奋啦。而且很有创造性。”

“说有创造性，可能言过其实了。就连上帝创造世界也只是六天的时间，到第七天便休息了。”

“任什么都一定无法阻止我写出具有创造性的文章来。”

“是的。但是，你写评论时，得将标准定得非常高才行。”

“标准会很高的，这你放心。”

“我相信一定会这样的。”

说着说着，他已经成为评论家了。于是，我问他是不是愿意一起喝一杯。他接受了我的邀请。

“海姆呀，”他说（我意识到他已经以评论家自居了，因为评论家说话时一般都是把你的名字放在句首，而非句末），“有一句话我得告诉你，你的作品有点太单薄了。”

“那可太糟了。”我说。

“海姆呀，你写的东西太骨感、太简略了。”

“这可倒血霉了。”

“海姆呀，那些东西太单薄、太骨感、太简略、太刚硬了。”

我怀着负罪感摸着我口袋里的兔子小腿说：“我今后一定要写得丰满一点儿。”

“记住，也不能太臃肿。”

“哈尔，”我学着用评论家的那种腔调说，“我将尽我所能，避免再出现那样的情况。”

“很高兴你我的看法能达到一致。”他豁达地说。

“那你能记住我在此处写东西的时候，就不到这儿来了吗？”

“自然啦，海姆。肯定不会来了。我自有去处，到别的咖啡馆就是了。”

“你真是个好心人。”

“尽力而为吧。”他说。

如果这个年轻人最终能修成正果，成了著名的评论家，这段情节便很有趣了，也很有教育意义。可惜的是：尽管我对此抱有很高的希望，他却未能修成正果。

次日，我觉得他不会再到丁香园咖啡馆去了，但还是不愿冒这个险，于是决定给丁香园放一天假。早晨起床后，我把橡皮奶头和奶瓶在水中煮开，配好奶粉的用量，装好奶瓶，给了邦比先生[1]一瓶，便在餐厅的桌子上写了起来。此时，只有我和邦比以及小猫F起了床，其他的人仍高卧未醒。我们几个相安无事，我的工作效率比以往任何时候都高。其实，你并不需要什么吉祥物保佑你，甚至连那条兔子腿也不需要（虽然把它装在口袋里，摸一摸倒是挺好），你照样能逢凶化吉。

[1] 指海明威的儿子。

第十一章

和帕斯金[1]邂逅于圆亭咖啡馆

那是个美好的傍晚。我笔耕不辍，写了一天的稿子，此时离开锯木厂附近的公寓，穿过堆放着木料的院子，然后随手带上大门，横穿街道，走进门面正对蒙帕纳斯林荫大道的那家面包房的后门，在面包炉冒出的香味中穿过店堂走到街上。白天已接近尾声，面包房屋里屋外都点上了灯。我踏着初降的暮色走在大街上，来到图卢兹黑人餐馆外面的平台前，留住了脚步。餐馆里的餐巾架上配有一些圆木环，圆木环上挂着红白格子图案的餐巾，在等待着食客进去就餐。我看了看用紫色油墨印出的菜单，发现这天的特色菜是卡苏莱[2]——一看那菜名我就垂涎欲滴，觉得饥肠辘辘。

---

[1] 19 世纪末 20 世纪前半期巴黎画派画家。

[2] 卡苏莱相传是英法百年战争的时候，受困的居民把仅剩的材料全放入锅里炖煮，却意外发现的美味的一道农家菜，一时间，卡苏莱的香味弥漫全城，振奋人心。主要用的是鸭腿、香肠、大白扁豆等炖煮，后来在法国料理大师们的精心烹调下变为丰富多彩的美味佳肴。

餐馆老板拉维格尼先生跟我搭话，问我写作进展如何，我说写得十分顺利。他说一大早就看到我在丁香园的平台上写作来着，因为我那么投入，他也就没有跟我说话。

“你当时的样子就像独自待在深山老林里，旁边一个人也没有。”他说。

“我写作的时候就像一头瞎了眼的猪。”

“难道没有身处深山老林的感觉吗？”

“有一种身处灌木丛里的感觉。”我说。

我说完就沿着大街走掉了，一路欣赏着商铺的橱窗——那春天的黄昏和街上的行人让我感到心情愉悦。街上的那三家主要的咖啡馆里人头攒动，里面有和我一面之交的人，也有我可以与之深谈的人。出入于这些咖啡馆的当然还有我不认识的人，一个个衣冠楚楚、风度翩翩。在这华灯初照的傍晚，人们匆匆忙忙找个地方喝上几杯，吃上几口饭，然后回家去颠鸾倒凤，尽鱼水之欢。在这几家主要咖啡馆里的人可能也在做同样的事，或者只是进来坐一坐，喝上几杯，聊一聊天，秀一秀恩爱。我喜欢的那些人在街上一个也没有碰到，他们可能都去大咖啡馆里消磨时光了——在那儿，他们可以消失在人群中，没有人会注意到他们；他们可以独斟独饮，也可以和朋友在一起慢斟慢饮。那时候的大咖啡馆收费很便宜，都备有上好的啤酒，开胃酒价钱公道、明码标价，价目表就放在和酒一起端上来的小碟子上。

这天傍晚，我有千般好心绪，却没有了创作的念头——反正我问心无愧，对得起这一天。原来十分想去看赛马，却闷在屋里埋头苦干，而且收效颇丰。不过话又说回来，我即便想去赌赛马，也只恨钱囊羞涩（虽说只要下功夫，钱还是有得赚的）。那时还没有开始对参赛马实行唾液检验，以及其他检测人为刺激参赛马的措施，所以给参赛马服用兴奋剂的做法层出不穷。你可以观察那些服用过兴奋剂的马，权衡利弊，可以在围场观察它们的状态，然后根据自己的判断（有时这种判断是“超感觉”的）做出决策，将一笔根本输不起的钱押上去。然而，对于一个需要养家糊口，又需要全力以赴学习写作以便有所作为的年轻人而言，这绝非阳光大道。

不管用任何标准衡量，我们家都是赤贫户。所以，我经常故伎重演以节省开支，常谎称自己要去赴饭局，实际跑到卢森堡公园里待上两个小时，回家后却对妻子绘声绘色地描述那顿饭是多么丰盛。当你二十五岁的时候，而且生就一副重量级拳击手的身材，少吃一顿饭也会饿得你发晕。不过，你的观察力亦会因此变得敏锐。这时我发现原来我笔下的人物有许多是大胃王，一个个都极其贪吃，对食物有着强烈欲望，大多还都渴望喝上一杯美酒。

我们常在图卢兹黑人餐馆喝上好的卡奥尔葡萄酒，有时喝四分之一瓶，有时喝半瓶或者一整瓶，一般都兑入大约三分之一的苏打水。在锯木厂附近的家里，我们则喝科西嘉葡萄酒，这种酒声望高、价钱低。那可是地道的科西嘉葡萄酒，兑上一半苏打水，也可以品到浓浓的酒香。在巴黎，那时你几乎不用花什么钱就可以生活得很好，偶尔饿上几顿饭，不添置新衣服，就能省下钱来买几件奢侈品。

话说我走在大街上，来到名流咖啡馆时，见哈罗德·斯塔恩斯[1]在里面，便拐过头往回走，因为我不愿见他，知道一见面他准会谈赛马的事情。想起赛马，我当然感到心情愉悦，可是我刚刚发过誓，绝不再赌赛马了。沐浴着暮色，我满怀着洁身自好的心情走过劳特尔多咖啡馆时，见里面座无虚席，不由对那些吃货嗤之以鼻，嘲笑他们贪吃的恶习以及追欢寻乐的本性。跨过林荫大道来到圆亭咖啡馆，发现里面也坐满了顾客，只不过那些顾客大多是完成了工作之后来放松的。

那里有干完了活儿的模特儿，有作画一直到天黑的画家，有好歹完成了一天工作的作家，也有酒鬼以及其他种类的人，有些是我认识的有头有脸的人，有些纯粹是来凑热闹的。

我站在德朗布尔大街的人行道上犹豫着，不知该不该进去喝上一杯。帕斯金和两个姐妹模特儿正坐在一张桌子旁，看见我在那儿，便冲我招了招手，于是我就走过去坐在了他们身边。帕斯金是个出类拔萃的画家，此时已微醉，但并未失态，只是有意喝

[1] 美国作家，侨居巴黎。

高了些，头脑仍清楚。那两个模特儿又年轻又漂亮。其中的一个模特儿黑黑的，娇小玲珑，身材非常漂亮，如弱柳临风，却有几许放荡的形态。另一个有点孩子气，举止呆板，但有闭月羞花之美，显出一种稚气将消的姿色。她虽然不及姐姐那般婀娜多姿，却也非他人可比。

“两姐妹一个好一个坏。”帕斯金说，“我这儿有钱。你想喝什么？”

“来半升黄啤。”我用法语对侍者说。

“来一杯威士忌吧。我有的是钱。”

“我爱喝啤酒。”

“要是你的确爱喝啤酒，那就该去利普饭店，那儿的啤酒好。我猜想你一直在写东西。”

“是的。”

“顺利吗？”

“希望如此。”

“很好。我为你感到高兴。日子是不是还过得那样有滋有味？”

“是的。”

“你多大了？”

“二十五岁。”

“你想不想干她？”他朝那个黑美人姐姐望了一眼，笑眯眯地说，“她需要有人干她。”

“你今天大概已经跟她干够了。”

那女子轻启樱唇，冲我嫣然一笑说："他一肚子坏水，但待人厚道。"

"你可以把她带到画室去干。"

"请不要说脏话。"那位金发妹妹说。

"谁跟你说脏话啦？"帕斯金问她。

"没人说。但这是我的忠告。"

"咱们还是放松一下吧。"帕斯金说，"一个严肃认真的年轻作家和一个热情友好、聪明机智的老画家在一起，身边有两个年轻貌美的姑娘陪伴，生活该是多么美好呀。"

我们坐在那里，姑娘们啜着饮料，帕斯金又喝了一杯兑水白兰地，而我则喝着啤酒。但是，除了帕斯金以外，谁也不觉得轻松惬意。那位黑美人姑娘焦躁不安，有意侧过脸去展示她的侧影，让光线投射到她的鹅蛋脸上，把裹在黑色羊毛衫下的酥胸露给我看。她的头发修剪得很短，又亮又黑，像个东方女郎。

"你摆了一天的姿势，"帕斯金对她说，"现在是在咖啡馆，难道你还要重操旧业，展示你的羊毛衫不成？"

"我高兴这样。"她说。

"你看上去就像个爪哇玩偶。"帕斯金说。

"眼睛可不像，"她说，"我的眼神要比玩偶的复杂得多。"

"你的样子就像是小可怜，一个放荡的小玩偶。"

"也许吧，"她说，"但我是个充满了活力的玩偶，比你更具活力。”

“咱们走着瞧，看谁更具活力。”

“好呀，”她说，“那就证明给我看。”

“今天是不是没有证明给你看？”

“哦，你说的是那种事。”她说着转过脸来，让最后一缕落日的余晖照在脸上，“怪都怪你太痴迷于作画。”随后，她对着我说道：“他爱的是油画布，但也喜欢干一些不尴不尬的事情。”

“你要我画你，给你钱，还要我干你，以便让我的头脑保持清醒。除此之外，你还想让我爱上你，”帕斯金说，“你这个可怜的小玩偶。”

“你喜欢我，不是吗，先生？”她问我。

“非常喜欢。”

“可惜你的块头太大了。”她沮丧地说。

“上了床，每个人的尺寸都是一样的。”

“这话不对，”她的妹妹说，“我不愿再听你们说这种话了。”

“听着，”帕斯金说，“要是你认为我爱上了油画布，那明天我用水彩来画你。”

“咱们什么时候吃晚饭？”她的妹妹问道，“在哪儿吃？”

“你陪我们一起吃好吗？”那黑美人姑娘问我。

“不了。我要陪我的 légitime[1] 一起吃。”那时，巴黎人喜欢用 légitime，而现在他们喜欢用 régulière[2]。

[1] 法语，意为“合法妻子”。

[2] 法语，意为“固定女友”，可指妻子或情人。

“你非得走吗？”

“非得走而且想走。”

“那就走吧。”帕斯金说，“你可别爱上打字纸啊。”

“要是爱上了，我就改用铅笔写。”

“那我明天改画水彩。”他说，“好吧，孩子们，我再来一杯，然后到你们想去的地方吃饭。”

“去北欧海盗饭店吃。”黑美人姑娘说。

“我也想去那儿。”她的妹妹敲边鼓说。

“好吧。”帕斯金同意道，“晚安，年轻人。祝你睡得好。”

“祝你也一样。”

“她们搞得我睡不成，”他说，“连合眼的工夫都没有。”

“今天夜里叫你睡个好觉。”

“你是说在北欧海盗饭店酒足饭饱之后吗？”他咧嘴笑了笑，帽子扣在后脑勺上，样子像一个 19 世纪 90 年代百老汇舞台上的人物，而不像他本人——一个讨人喜欢的画家。他悬梁自尽之后，我总会想起那天晚上他在圆亭咖啡馆的形象。人常言：栽什么种子结什么果。我认为：那些笑对人生的人是优良种子，植根于沃土，浇灌的是高级肥料。

第十二章

埃兹拉·庞德以及“才子圈”

埃兹拉·庞德一直都是我的铁哥们，一个助人为乐的人。他和他的妻子多萝西住在圣母院大街的工作室里，这间工作室要多寒碜有多寒碜，就跟格特鲁德·斯泰因的工作室要多富贵有多富贵一样。但这里光线特别好，冬天生炉子，温暖如春，还挂着一些埃兹拉认识的日本画家所赠送的画作。那些日本画家一个个都是贵族子弟，蓄着长发。他们的头发黑黑的，油光闪亮，弯腰鞠躬时就会甩到前面，给我留下了很深的印象，但对于他们的画我却不喜欢，因为我看不懂。不过，他们的画也并不神秘，一旦看懂了便觉得索然无味。我为此感到遗憾，可也觉得无奈。

多萝西作的画我则非常喜欢。我觉得多萝西生得貌若天仙、体态婀娜。高迪·布热兹卡[1]为埃兹拉塑的那座头像我也打心底

[1] 法国雕塑家。

里喜欢。埃兹拉把那位雕塑家作品的照片指给我看（埃兹拉写过一部关于此人的书，照片就附在书里），我看了颇为欣赏。埃兹拉对皮卡比亚[1]的画也情有独钟，当时我却颇不以为然，觉得此人的画毫无价值。对温德姆·刘易斯[2]的画我也没有好感，而埃兹拉却喜欢得不得了。他喜欢朋友的作品，这本身是一种美德，是对朋友的忠诚，但在评判作品的优劣时则是灾难。我们从不为此而产生争论，因为我看到自己不喜欢的画作，总会缄口不语。我心想：一个人喜欢朋友的画或著作，大概就跟他喜欢自己的家人一样，对其评头论足有失礼貌。有时，对于家里人（你自己的家人以及妻子的家人），你不便妄加指责，而是把话长时间闷在心里；对付那些拙劣的画家则比较容易，因为他们不会给你带来可怕的后果，不会像家里人那样给你造成感情上的伤害。拙劣画家的作品，你只要不去看就行了。家里人则不然，即便你一忍再忍，对他们做的事情视而不见，对他们说的话听而不闻，对他们来的信不回复，但得罪了他们，你也会感到危机四伏。埃兹拉比我善良，待人接物方面比我更具有基督徒的慈悲心肠。他的作品，如果选对了题材，一定会完美无瑕。他一旦做错了事情，便痛心疾首，对自己的失误久久难忘，而对他人则是一片古道热肠，我总觉得他跟圣人一样。他有时也发怒，不过，恐怕许多圣人都有这种瑕疵。

埃兹拉想跟我学拳击术。一天下午，在他的工作室里，我们

[1] 法国前卫画家，达达运动的早期主要人物之一。

[2] 英国画家、作家、评论家。

当着温德姆·刘易斯的面（那是我第一次见到此人）练了起来。埃兹拉学拳击时间还不太长，让他在熟人面前表演拳术未免有些尴尬，于是我尽量退让，想叫他显得英武一些。但是效果并不十分好，因为他只懂得防守。当时，我正在教他左手怎样出拳，教他怎样左脚前跨，然后右脚跟上，与左脚平行。这些仅仅是基本功。我没有来得及教会他打左勾拳，而要教怎样缩短右拳出手的幅度更要到以后再说了。

温德姆·刘易斯头戴一顶宽边黑帽，像住在当地的居民[1]，一身装束与《波希米亚人》[2]的剧中人无二。他的那张脸让我想起了青蛙，不是牛蛙，而只是普普通通的青蛙——巴黎对他来说就是一个大池塘，一个奇大无比的池塘。

那时，大家都认为作家或画家可以不修边幅，爱穿什么就穿什么，没有固定的服饰。刘易斯的服饰却是固定的——一身战前艺术家的装束。看见他的那身打扮，就会令人发窘。他却满不在乎，傲气十足地观看我们练拳，观看我怎样躲开埃兹拉左拳的连连进逼，怎样用戴着拳击手套的右手化解攻击。

我想停下来，可是刘易斯硬要我们继续练下去，看得出他根本就不懂拳击，只是希望能一睹埃兹拉被打翻在地的场面。这样

[1]当地的居民多为落拓不羁的艺术家和作家。
[2]意大利歌剧作曲家普契尼创作的第三部歌剧。

的事情并没有发生——我从不反击，只是引埃兹拉追着我打，让他练习左右开弓，时而出左拳，时而出右拳。后来，我宣布停止，用一大罐水冲洗了身子，用毛巾擦干，穿上了我的运动衫。

大家在一起喝了点酒。接下来，埃兹拉就和刘易斯闲聊起来，无非说的是伦敦和巴黎的张三李四什么的，而我则充当听客。我表面上不去看刘易斯，其实却在暗中仔细打量他，就像在拳击场上那样，觉得他那副模样是我所见过的最令人讨厌的。有些人面露凶相，就像赛马场上的骏马，反倒像是良种马，表现出桀骜不驯的尊严。刘易斯则不然——他并非面露凶相，而是面露龌龊相。

回家的路上，我仍在想他的那副模样，想着该怎样形容他才好，结果想到了很多词语，全都是解剖学方面的，只有“脚趾果酱”[1]一词例外（这个词是个俚语）。我恨不得将他的脸分解开，按局部加以形容，可是弄来弄去也只能形容一下他的眼睛——初次见面时，他的那双眼睛被黑帽子的帽檐遮住，简直就像一个强奸未遂犯罪嫌疑人的眼睛。

“今天我见到了一个人，他是我所见过的最令人厌恶的人。”回家后，我对妻子说。

“塔蒂，他是什么样的人就不必说了。”妻子说，“请别对

[1] 比喻令人恶心的东西。

他评头论足了。咱们还是吃饭吧。”

大约一个星期后，我见到斯泰因小姐，对她说我见到了温德姆·刘易斯，问她是否认识此人。

“我叫他‘尺蠖’[1]。”她回话说，“他从伦敦跑来，只要看到一幅好画，就从口袋里掏出铅笔，你就看到他用拇指按在铅笔上测量那画。一面观赏，一面测量，研究其中的窍道。然后，他跑回伦敦如法炮制，结果总会功亏一篑。照猫画虎，只得其表，不得其内！”

“尺蠖”这一定义很合我的心意。其实，他在我心中的形象更糟，而这一定义则显得比较温和、比较具有基督徒的慈悲之心。后来，我竭尽全力试图喜欢他——对于埃兹拉的朋友，我几乎全都一视同仁。可是，第一次在埃兹拉的工作室见面时他留给我的印象，却怎么也改变不了。

埃兹拉是我认识的最慷慨，也是最无私的作家。无论是诗人、画家、雕刻家还是散文作家，只要是他信任的，他都会给以帮助。对于身处困境的人，不管信任不信任，他也会出手相助。他为每个人操心——我刚认识他的那会儿，他正在为托·斯·艾略特牵

[1] 一种害虫。

肠挂肚。他对我说，艾略特迫于生计在伦敦一家银行里工作，没有时间写诗，正处于艰难的时候，无法充分展现诗人的才华。

埃兹拉和娜塔莉·巴尼小姐创办了一个叫作“才子圈”的组织。巴尼小姐是一位有钱的美国女人，一位艺术事业的赞助人，曾经和已故的雷米·德·古尔蒙[1]是好友。她在家里定期举办沙龙，花园里还建有一座微型希腊神庙。那时候，许多美国和法国的富婆都喜欢在家里办沙龙，我老早就有一种观念——对那种地方最好敬而远之。办沙龙的人虽多，但我坚信在家中花园里建微型希腊神庙的只有巴尼小姐一人。

埃兹拉曾把介绍“才子圈”组织的小册子给我看（巴尼小姐容许他把那座微型希腊神庙印在了小册子上）。“才子圈”有一个计划：大家无论收入多少，都应该捐出一部分作为基金，把艾略特先生从银行解救出来，使他有钱有时间搞诗歌创作。我认为这不失为一个很好的想法，觉得解救出艾略特先生，埃兹拉便没有了后顾之忧，可以腾出手来帮助其他的人。

我总是张冠李戴，把艾略特称作梅杰·艾略特，有意将他和梅杰·道格拉斯混为一谈——梅杰·道格拉斯是一位经济学家，埃兹拉对他的观点抱有很高的热情。我曾在我自己的朋友圈里募

[1] 法国作家。

集资金，说是要把梅杰[1]·艾略特从银行解救出来，结果遭到了质疑：一个少校为什么要在银行谋职？既然他在军队里干过，难道他没有退休金，至少也应该有养老金吧？这叫埃兹拉很恼火，但他知道我的用心是好的，颇具“才子圈”扶危济困的精神。

碰到这样的情况，我会向朋友们解释，说他们的质疑是子虚乌有。我会说：谁知道你们心里到底有没有“才子圈”。如果有，那就应该慷慨解囊，帮助帮助“梅杰”；如果没有，那就太糟啦。难道你们不了解那座微型希腊神庙所包含的精神吗？不了解？真是太糟了。那好吧，老兄，就把你们的钱袋子捂紧吧，我们是不会碰的。

在那些日子里，作为“才子圈”的一个成员，我为实现它的计划忙得团团转，做梦也想着要将“梅杰”解救出银行，让他成为自由人。我记不起“才子圈”最后是怎么垮掉的，但我想这跟《荒原》的出版不无关系——这部作品为“梅杰”赢得了“日晷奖”[2]。过后不久，一位有贵族称号的夫人资助艾略特办了一份名为《标准》的评论杂志。这样，我和埃兹拉就不必再为他操心了。那座微型希腊神庙，我想一定还在花园里。但我们没有能单凭“才子圈”的基金使这位“梅杰”摆脱银行的樊笼，这始终叫我难以释怀。在我的梦里，我早已将他视为天神，供奉在那座微型希腊神庙里，

[1] 梅杰的英文是 major，含有“少校”的意思。
[2]《日晷》杂志所创办的文学奖。

也许我和埃兹拉应该到那儿去，给他戴上一顶月桂树叶编织的桂冠。我知道哪儿有优质的月桂树叶，可以骑自行车去采摘。我觉得随时都可以为他戴上那顶桂冠——无论是他感到寂寞的时候，还是埃兹拉看完另一首像《荒原》那样的长诗的原稿或校样的时候。从道义上说，这件事的结局并不好，被我给搞砸了（许多事情都被我弄得一团糟），原因是我把专门留作解救“梅杰”逃出银行樊笼的那笔钱拿到昂吉安赛马场，押在了那些在兴奋剂的刺激下进行跳栏的参赛马身上。在两次赛马会上，我下赌注的那些服用过兴奋剂的马超过了那些没有服用兴奋剂或者服用得不够的参赛马。然而在一次比赛中，发生了叫人难以想象的一幕——我押的那匹马在起跑前就把骑师甩下鞍来，风驰电掣地跑完了一圈，独自跳过一道道障碍，姿势之优美只有在梦境里才见得到。后来，骑师拽住它，飞身骑上去，又开始狂奔。正如法国赛马术语所说的那样，它“独领风骚”。然而，押在它身上的赌注却打了水漂。

假如那笔赌注押在了“才子圈”上，我心里也还会好受一些（“才子圈”已不复存在）。不过，要是赛马赢了钱，那时我捐的钱就不止原先想捐的那个数了，应该远远超过那个数——我只能拿这种话安慰自己。

第十三章

一个十分奇怪的结局

我与格特鲁德·斯泰因最后分了手，说起来分手的方式十分奇怪。我们曾是亲密无间的朋友，我为她做过许多实事，例如：我曾为她的那本厚书奔忙，使其先在福特的刊物上连载；用打字机帮她把原稿打出来，并审读校样。我们的友谊在一点点加深，关系好得不得了。男人跟显贵女性交朋友，不管以后是好是坏，都会一时感到心情愉快，但归根结底是不会有光明前景的。和雄心勃勃的女作家交往，其前途一般会更为黯淡。

有一次，我对斯泰因小姐说：由于不知道她是否会在家，我好一阵子没到弗勒吕斯街 27 号去了。她则说："海明威，我的家就是你的家，难道你不明白吗？我可是真心实意的。你什么时候来都欢迎。女仆会招待你的。你随意一些就是了，等我回来。"她当时说了女仆的名字，只是被我忘了。

对于这个特权，我并没有滥用，不过有时路过倒是会进去坐坐，喝上一杯女仆端来的茶，欣赏欣赏那里的画。如果等不来斯泰因小姐，我会向女仆道谢，留下口信离去。一天，斯泰因小姐和她的一个伴侣准备驱车到南方去，要我上午去为她们送行。她请我们到她家去做客（当时我和哈德莉住在旅馆里），而我们另有计划，想到别的地方去。自然，这个计划没有对斯泰因小姐说。遇到这种情况，你得找借口来个金蝉脱壳。对这种寻找托词的事情，我还是略知一二的。这是身在江湖迫不得已呀！很久以后，毕加索[1]告诉我：凡是有钱的人家请他去，他总是会满口答应，让对方高兴高兴，之后找借口说有事无法赴约。不过，这跟斯泰因小姐无关，他说的是其他人。

我去斯泰因小姐家的那天是个明媚的春日。我从天文台广场穿过那小巧的卢森堡公园，只见公园里七叶树上鲜花争芳斗艳，许多小孩在砾石小道上玩耍，他们的保姆坐在长椅上在一旁观望，树上能看得见一些木鸽，还有一些木鸽看不见，却能听见它们咕咕咕的叫声。

女仆没等我按门铃就把门打开了，让我进屋稍候，说斯泰因小姐马上就下楼来。此时还不到晌午，女仆却给我斟了一杯白兰地，放在我手里，快活地眨了眨眼。这无色的烈酒在我的舌头上滑过，

[1] 西班牙画家、雕塑家，法国共产党党员，现代艺术的创始人，西方现代派绘画的主要代表。

感觉极佳。正当美酒的余香在口里未散的时候，我听见有个人在跟斯泰因小姐说话——不论在什么地方，也不论在什么时候，从未听到过有人那样跟别人说话。

接下来听到的就是斯泰因小姐低三下四的哀求声："别这样，小猫咪。求你别这样，求求你了。请别这样，你让我干什么都行，小猫咪。求你别这样，求求你了，小猫咪。"

我咕嘟一声喝干了酒，把杯子放下，转身便往门外走去。女仆冲我摆摆手，低声说："别走。她马上就要下来了。"

"我得走了。"我说，心里一百个不愿意再听楼上那两人的说话声。就在我往外走时，那声音仍在我的耳边回响——要想不听，只有一走了之。那两人，一个说话难以入耳，另一个说的话更是叫人无法再听下去。

到了院子里，我对女仆说："请你告诉她，就说我在院子里碰见了你。由于一位朋友生病，我得去看望，就不能进屋等她了。替我祝她们一路顺风。我会写信给她的。"

"就这么说定了，先生。很遗憾，你不能久等。"

"是啊，"我说，"的确很遗憾。"

对我而言，我们的友谊就是以这么一种傻里傻气的方式寿终正寝了。不过，这之后我仍为她干一些小差事，必要时露一下面，把她想见的人引到她那儿去——那些男性朋友一般都不长久，一旦有新朋友登门，他们就会被打发走。非但新人源源不断，一些毫无价值的新画也挂在了她的工作室，和那些名画挂在一起，看了着实叫人感到悲哀——不过，这对我已无所谓了，挂不挂对我来说已无关紧要了。凡是和她亲近的人，她几乎全都吵过嘴——这里面只除了胡安·格里斯[1]，由于此人已死，她无法再跟人家拌嘴了。胡安·格里斯也许不会计较这种小事，因为他并非一个斤斤计较的人，这从他的画作中可以看得出来。

末了，她甚至和新交的朋友也红脸，但我们谁也不再往心里去了。她变得就像一个颐指气使的罗马皇帝——如果你喜欢让你的朋友像个罗马皇帝，这样的状况倒是挺好的。不过，根据毕加索给她画的像，我记得她看上去像个来自弗留利地区[2]的普通女人。

到了最后，她虽然基本和每个人都拌过嘴，但大家不计前嫌，会跟她重归于好，因为谁都不愿显得锱铢必较或睚眦必报。我也是这样做的。但无论是在感情上还是在理智上，我都不能再成为她肝胆相照的朋友了。你一旦在理智上不愿再交友，那可是再糟糕不过的事情了。而实际情况比这还糟。

[1] 西班牙画家、雕塑家。

[2] 位于意大利东北部，曾是罗马人的殖民地。

第十四章

一个注定要死的人

那天下午我在埃兹拉的工作室遇见了美国诗人欧内斯特·沃尔什，他还带来了两个身穿貂皮长大衣的女孩子。外面街上停着一辆他从克拉里奇旅馆租来的闪闪发亮的车身很长的汽车，司机穿着制服。两个女孩子都是金发女郎，她们和沃尔什同船渡海从美国而来。轮船在前一天抵达，沃尔什来看望埃兹拉，就把她们一道带来了。

欧内斯特·沃尔什面色发黑，热情洋溢，具有一种完美的爱尔兰人的气质和诗人的风度，但显然注定要死去，就像电影里的人物那样被死神打上了标签。他和埃兹拉说话时，我则跟那两个女孩子闲聊。她们问我是否读过沃尔什先生的诗，我说没有。她们当中的一个拿出一本绿色封面的哈利特·门罗[1]创办的《诗刊》，

[1] 美国编辑、学者、文学评论家、诗人和艺术赞助人。

把上面发表的沃尔什的诗指给我看。

“他每发表一篇东西可得一千二百元。”她说。

“一首诗就有这么多的稿酬！”另一个女孩子说。

记得我给那家杂志投稿，稿酬是每一页十二元。想到这里，我便说道：“他一定是个非常伟大的诗人！”

“稿酬比埃迪·格斯特[1]还高呢。”头一个说话的女孩子告诉我。

“还有一个诗人叫什么来着？要知道，他比那个诗人的稿酬还高。”

“叫吉卜林[2]。”她的朋友说。

“反正他比任何人的稿酬都高。”头一个说话的女孩子告诉我。

“你们准备在巴黎待很久吗？”我问她们。

“哦，不会待很久。真的，不会待久的。我们是跟一群朋友一起来的。”

“我们是乘船来的，这你知道。说实在的，船上一个名人也没有。当然，沃尔什先生不算在内。”

“沃尔什先生会打牌吗？”我问。

那女孩子看了看我，目光失望但善解人意，然后说道：“不会。他没必要靠打牌赚钱。只要写诗能挣钱，就用不着打牌。”

“你们回国准备乘什么船？”

[1] 美国诗人。

[2] 英国作家，1907 年获诺贝尔文学奖。

“哦，那得酌情而定。这要看船的状况以及其他的一些因素，才能做出决定。你准备回去吗？”

“不准备。我在这里混得还不错。”

“这一带是穷人区，是不是？”

“不错，但挺舒适的。可以在咖啡馆写写东西，还可以去看赛马。”

“你能穿这身衣服去看赛马？”

“那倒不是。这是我泡咖啡馆的行头。”

“这样的生活很酷呀，”其中的一个女孩说，“我很想到咖啡馆里看一看。你想去吗，亲爱的？”

“我也想去。”另一个女孩回答说。我在通讯簿上留下了她们的姓名，答应去克拉里奇旅馆找她们，觉得她们都是好姑娘。随后，我向她们道别，也向谈锋正健的沃尔什和埃兹拉说了声再见。

“别忘了！”那个身材较高的女孩子说。

“怎能忘呢？”我对她说，然后又和她俩握了握手。

后来我听埃兹拉说，沃尔什在一些人的资助下（资助人有女性诗歌爱好者，也有对注定要死亡的年轻诗人有仰慕之心的贵妇人），总算付清了克拉里奇旅馆的欠账，从那儿脱了身。又过了一段时间，埃兹拉告诉我，说沃尔什从另外一个渠道又获得了一笔资助金，准备在本地区办一家杂志，由沃尔什充当编辑。

此时，由斯科菲尔德·塞耶[1]主办的美国文学杂志《日晷》正要颁发年度奖(大概是一千美元吧)，以奖励优秀撰稿人。那年头，这笔奖金对任何一个鬻文为生的作家来说都是一大笔钱，另外还有巨大的声誉。这项奖已颁发给多人，他们全都受之无愧。当时在欧洲，两个人一天花五块钱就能生活得很滋润，还能出外旅行。

沃尔什也是这份文学季刊的编辑。据说，本年度的四期出齐之后，这份刊物要对稿件进行评估，评选出最佳撰稿人，然后向其颁发一笔数目相当可观的奖金。

至于这个消息是道听途说还是流言蜚语，抑或是异想天开，那就不好说了。但愿评选时没有猫腻，自始至终都是光明正大的。对于跟沃尔什一道编辑此刊物的那个人，大家自然无话可说，不会对那人说三道四。

关于颁发文学奖的消息传开后不久，沃尔什有一天邀我上圣米歇尔林荫大道那边吃饭，那儿有家餐馆，饭菜极为可口，价钱也极为昂贵。吃过牡蛎之后（那是昂贵的扁形的微微带点紫铜色的马朗牡蛎[2]，可不是那种常见的滚圆的廉价葡萄牙牡蛎），又喝了一瓶普伊-富赛葡萄酒[3]，他这才小心翼翼地把谈话引到了这

[1] 一位富有的美国诗人和出版商。
[2] 产于法国的马朗。
[3] 产于法国普伊-富赛的名酒。

个话题上。他似乎在给我下套，就像他曾经欺骗那两个跟他同船而来的“托儿”一样（我怀疑那两个女孩是“托儿”，也怀疑她们受了他的骗）。他问我要不要再来十来只扁牡蛎（他是这样称马朗牡蛎的），我回答说自己非常喜欢吃这种牡蛎。此时，他已不再留心向我展现他那种注定要死亡的病容了，这使我感到宽慰。他心里清楚：我已知道他患有肺痨——那可不是用来吓唬人的肺痨，而是会导致死亡的肺痨，且已病入膏肓。他已不再非得咳嗽几声以显示自己的病了——由于正在吃饭，对此我深表感激。我心里在想：他吞食扁牡蛎是不是和堪萨斯城的妓女吞食男人的精液具有同样的心理？那些妓女注定要死亡，几乎浑身是病，妄图以吞食精液作为治病的灵丹妙药。我心里这么想，但没有问他。开始吃那又端上来的十来只扁牡蛎时，我把它们从铺在银盘上的碎冰块中拣出来，挤上柠檬汁，注意观看它们那柔嫩得令人难以置信的棕色身体起了反应，蜷缩起来，然后把黏附在贝壳上的牡蛎肉扯开，用叉子叉起送进嘴里细嚼慢咽。

“埃兹拉是个卓尔不群、出类拔萃的诗人。”沃尔什说，一面用他那黑黑的诗人眼睛望着我。

“是啊，”我说，“而且他还是个心地善良的人。”

“他品格高尚，”沃尔什说，“真真切切的高尚。”

我们默默地又吃又喝，以此表达对埃兹拉高尚品格的敬意。想起埃兹拉，我真希望他也能来吃一顿——他跟我一样，平时也是吃不起马朗牡蛎的。

“乔伊斯是个了不起的人，”沃尔什说，“非常非常了不起。”

“是啊，的确了不起，”我说，“还是一个肝胆相照的好友。”乔伊斯完成了《尤利西斯》之后，进入了一个辉煌时期，随后将会出现一个所谓的“写作在路上”的漫长时期，而我就是在那段辉煌时期跟他缔结了友谊。想起乔伊斯，我便心潮澎湃，回忆起了许多往事。

“真希望他的眼病能痊愈。”沃尔什说。

“他也盼望如此。”我说。

“这是我们时代的悲哀。”沃尔什对我说。

“人人都有点病痛，这在所难免。”我敷衍了一句，竭力想使饭桌旁的气氛变得欢快一些。

“你就没有病痛之苦呀。”他显出一副讨好的神色说，接着便露出病入膏肓、即将死亡的样子。

“你是说我脸上没有被标上死亡的标签？”我忍不住这样问他。

“是的。你脸上的标签是‘生命’。”他在说“生命”一词时，用的是加重语气。

“那就等着看好啦。”我说。

他点了一份上好的牛排，要煎得半生的，我点了两份菲力牛排，外加蛋黄酱汁，心想酱汁里的黄油对他会有滋补作用。

“来一瓶红葡萄酒怎么样？”他问道。

侍者走过来时，我要了一瓶教皇新堡红葡萄酒[1]，觉得饭后到码头上走走就可以将喝下去的酒消化掉。他嘛，可以睡上一觉或者干点可心的事，将腹中之酒化解掉。我也可以找个地方以睡觉解酒。

等我们吃了牛排和法式炸土豆条，把那瓶不是午餐酒的教皇新堡红葡萄酒喝了三分之二，谈话才转入了正题。

“咱们就不必绕弯子了，”他说，“你一定能获奖，这你恐怕心里有数吧？”

“我获奖？”我说，“此话怎讲？”

“你获奖是十拿九稳的事。”他说。接下来，他就大吹我的作品。我不愿再听下去，因为听别人当着我的面评论我的作品叫我感到难堪。我望着他脸上那副注定快要死的神色，心里在想：“你这个骗子，拿你的痨病来骗我，想博得我的同情，我见得多了。曾见过一个营的士兵都倒在了尘埃里，其中三分之一的人注定要死或生不如死，但没有一个像你这种怂样子，而是视死如归。你可好，老是装出一副快要死的样子招摇撞骗，靠这种手段为生，现在竟然骗到了我头上。劝你不要行骗，别人也就不会骗你！”

[1] 教皇新堡是法国排名第一的葡萄酒产区。

话虽如此说，其实死神并没有骗他，而是的确姗姗而至。

“我觉得自己不配得这项奖，欧内斯特，”我说道（我不喜欢自己的名字，但觉得用这个名字称呼他倒是挺好的[1]），“何况，欧内斯特，这样做也不道德，欧内斯特。”

“咱们俩竟是同名，你说怪不怪？”

“是啊，欧内斯特，”我说，“你我可不能辜负了这个名字[2]。你明白我的意思吗，欧内斯特？”

“我明白，欧内斯特。”他说。说这话时，他露出一种爱尔兰式的善解人意的样子，表现得很有风度。

后来，我对他还是非常好的，对他的杂志也极为仁义。他大吐血离开巴黎时，求我照看那期杂志的排印过程，因为排印工不懂英文，我照办了。我见过他有一次吐血，觉得那样的现象很正常，因为我知道他早晚都会死的。当时我自己身处逆境，生活艰难，然而对他却仁至义尽，这让我心里感到欣慰——这种情况就像我叫他欧内斯特而内心感到高兴一样。再说，我喜欢并钦佩与他合作的那位编辑——那位女编辑没有许诺授予我任何奖项，而只是希望能打造一份优秀的杂志，给投稿人丰厚的稿酬。

许久之后的一天，我碰见了乔伊斯——他独自一人看了一场

[1] 海明威和沃尔什的名字都叫欧内斯特。

[2] 欧内斯特的英文是 ernest，有“真诚”的意思。

日戏，正沿着圣日耳曼林荫大道走来。他看戏，看不清演员的表演，却喜欢听演员的台词。他见了我，便邀请我去喝一杯。于是我们就去了双叟咖啡馆，要了瓶干雪利酒（根据报上的报道，他只喝瑞士的白葡萄酒）。

“沃尔什好吗？”乔伊斯说。

“虽然活着，也跟死了差不多。”我说。

“他是不是向你许诺过，要把那项奖给你？”乔伊斯问。

“是的。”

“我早就料到是这样。”乔伊斯说。

“他向你许诺过吗？”

“许过。”乔伊斯说。过了一会儿，他又问：“你看他向庞德许过诺吗？”

“这我就不知道了。”

“你最好别去问他。”乔伊斯说。

说到这里，我们就打住了。接下来，我对乔伊斯讲了我和他在埃兹拉工作室的初次相遇，说他当时还带去了两个女孩，都穿着貂皮长大衣。乔伊斯听了这段情节，蛮感兴趣的。

第十五章

埃文·希普曼[1]在丁香园咖啡馆

意外地发现了西尔维亚·比奇的图书馆那天之后，我读了屠格涅夫的全部作品，读了已出版的果戈理作品的英译本，还读了康斯坦斯·加内特[2]英译的托尔斯泰以及契诃夫的作品。未来巴黎之前，在多伦多有人跟我说凯瑟琳·曼斯菲尔德[3]是个优秀的短篇小说作家，甚至可说是个伟大的短篇小说作家。然而，读过契诃夫的作品，再看看她的小说，我觉得她的东西就像精心编造的故事，出自一个年轻的老处女之手，假里假气，而契诃夫的短篇小说干净利落、朴实无华、力透纸背，像是出自一个洞察力极强的医生之手[4]。曼斯菲尔德的作品犹如淡啤酒，读之还不如喝

[1] 美国作家。
[2] 英国女翻译家，一生翻译了七十一卷俄罗斯文学作品，她的翻译得到了很高的评价。
[3] 短篇小说家，文化女性主义者，新西兰文学的奠基人，被誉为一百多年来新西兰最有影响的作家之一，逝世时年仅三十五岁。
[4] 契诃夫有句名言："我把医学当妻子，把文学当情妇。"

白开水解渴。而契诃夫的短篇似白开水一般清澈，却又胜似白开水。有些短篇写得简直就像是新闻报道，但里面也不乏佳作。

陀思妥耶夫斯基的作品，有可信的，也有不可信的，而有的写得那么真实，让你看着看着就会改变人生观——脆弱和疯狂、邪恶和圣洁以及精神失常般的赌博一样一样陈列在目，由着你去了解，就像你在屠格涅夫的作品中了解那些如画的风景和大路，在托尔斯泰的作品中了解部队的调动、地形、军官、士兵和战斗一样。看看托尔斯泰的作品，再看看斯蒂芬·克莱恩描写美国内战的作品，你会觉得后者的作品就像是一个体弱多病的孩子辉煌精彩的想象之作——那孩子没见过打仗，只是看过一些战役记录、编年史以及布雷迪[1]拍摄的照片而已（这些东西我在我祖父母家也见过）。我在读到司汤达的《巴马修道院》之前，从未读过战争题材的小说（托尔斯泰的《战争与和平》除外）——《巴马修道院》虽然枯燥乏味，但描写滑铁卢战役的那个片段却意外地精彩。步入这个文学新天地之后，在巴黎这样的城市，生活滋润，平时写写东西，不管你有多穷，总有时间可以读书，你会觉得老天赐给了你一个巨大的宝藏。出外旅行时，你可以拣几件宝贝带在身边，到瑞士和意大利的群山里阅读。后来，我们在奥地利的福拉尔贝格州高地上的山谷里发现了施伦斯，那里总是有许多书籍，这样你就可以舒心地生活在这个新世界里。这儿有雪、森林、冰川以

[1] 美国历史上最早的摄影家之一，主要以美国内战为题材。

及冬天所能遇到的各种问题。白天，你待在村子里的鸽子旅馆，夜晚你则遨游于俄罗斯作家奉献给你的奇妙世界。起初，我只看俄罗斯作家的作品，后来也看其他国家的，但很长一段时间我非俄罗斯的作品不看。

记得有一次，我和埃兹拉到阿拉贡大道打了网球，然后一道返回。他邀我上他的工作室去喝一杯，路上我问他对陀思妥耶夫斯基到底是怎么看的。

“实不相瞒，海姆，”埃兹拉说，“我从不看俄罗斯人的作品。”

埃兹拉的回答脱口而出，以后也一直没有改过口。我心里感到非常难过。那时候，他是我最喜爱、最信任的评论家——是他教会了我用词要不偏不倚，教会了我不要偏听偏信形容词（后来在待人接物上，我也学会了对某一类人不偏听偏信）。可是，我现在要他发表看法，所针对的是一个从不用不偏不倚的词，却能够让笔下人物栩栩如生（这恐怕是任何一个别的作家都无法做到的）的作家呀！

“要看就看法国作品，”埃兹拉说，“你一定能获益匪浅。”

“这我知道，”我说，“反正应该博览群书，一定能获益匪浅。”

从埃兹拉的工作室出来后，我沿着大街往锯木厂那儿走，顺着高楼林立的街筒子望去，可以看见街尾的那片空地，空地上的树木光秃秃的，再往前就是圣米歇尔林荫大道对面比利埃舞厅的门面了。回到住处，我推开院门进去，经过刚锯好的木料堆，走到通向顶层的楼梯口，将装在袋子里的网球拍放下，冲着楼上喊了几声，但家里没有人答应。

“太太出去了，保姆和宝宝也出去了。”锯木厂老板娘告诉我说。她是个很难对付的女人，一身肥膘，头发是黄铜色的。我听后，对她表示了感谢。

“一个年轻人来找过你，”她说（她说的是法语，用的是 jeune home “年轻人”一词，而非 monsieur “先生”），“他说他将去丁香园咖啡馆等你。”

“十分感谢，”我说，“我太太回家，烦请转告她，就说我到丁香园咖啡馆去了。”

“她是和几个朋友一道出去的。”老板娘说完，把身上穿的紫色睡衣裹紧，趿着高跟拖鞋走进她自家的门洞里，但没有关门。

我沿着大街走了，街道两旁耸立着一幢幢白房子，白墙壁上斑斑点点尽是污痕。走到街尾阳光灿烂的开阔处，我朝右拐，走进丁香园咖啡馆，那儿幽暗的厅堂里洒进了缕缕阳光。

丁香园咖啡馆里没有我认识的人，于是我便去了外边的平台，发现埃文·希普曼正在那儿等我。他是个优秀诗人，对于赛马、写作和绘画都情有独钟，而且很在行。他见到我，便站了起来，高高的身材，脸色苍白，两颊瘦削，白衬衫的领口很脏而且有些破损，领带打得很端正，身上的灰西装已穿旧，皱皱巴巴的，手指又脏又黑，甚至比头发还黑，指甲缝里夹着污垢，满脸堆起可亲的笑容，但嘴巴紧闭，怕的是露出一口坏牙。

“很高兴见到你，海姆。”他说。

“你还好吧，埃文？”我问。

“有点不景气。”他说，“不过，我想我还是赢了那匹‘马捷帕’。你的日子过得还好吧？”

“但愿如此。”我说，“你去找我时，我正在外边跟埃兹拉打网球呢。”

“埃兹拉好吗？”

“很好。”

“我太高兴了。海姆，不知怎么，我觉得你家的房东太太不喜欢我，硬是不让我上楼去等你。”

“我会跟她说的。”我说。

“不用麻烦了。在这儿等也挺好的。晒着太阳简直舒服极了，你说是不是？”

“现在已是秋天了，”我说，“我看你穿得不够暖和。”

“只有到了晚上才感到有点冷，”埃文说，“到时候我就穿上外套。”

“你知道外套在哪儿吗？”

“不知道。不过一定是在一个安全的地方。”

“你怎么知道？”

“因为我把诗稿放进外套口袋里了。”他说完开怀大笑，嘴唇却抿得紧紧的，遮住口中的坏牙。“陪我喝一杯威士忌吧，海姆，幸勿推辞。”

“好吧。”

埃文站起来冲着侍者叫了一声：“让，请来两杯威士忌！”

让送过来一瓶酒、两个酒杯、两个标有十法郎的碟子和一瓶苏打水。他斟酒时不用量杯，而是直接往杯子里倒，直至超过了杯子容量的四分之三才住手。让喜欢埃文——每逢让的休息日，埃文都要到奥林斯门外蒙鲁日镇让他家的花园去，和让一起务花弄草。

“你可别倒得太多了。”埃文对这个身材高大的老侍者说。

“这不过是两杯威士忌嘛，对不对？”侍者说。

我们往杯里加了水。埃文说：“喝第一口要悠着点，海姆。不紧不慢地喝，就不容易醉。”

“你很注意养生吧？”我问。

“是的，此话不假，海姆。咱们说点别的怎么样？”

此时平台上已无他人。我们喝威士忌喝得浑身暖洋洋。秋意发凉，而我穿得比埃文暖和，最里面穿一件长袖运动衫，上面套一件衬衫，衬衫外面再套一件蓝色法国水手式毛线衫。

“陀思妥耶夫斯基的作品简直叫人搞不懂，”我启口说道，“写得那么烂，烂得令人无法置信，又怎么能深深打动读者呢？”

“不可能是译文的问题，”埃文说，“同一译者翻译托尔斯泰的东西翻译得是很到位的。”

“这我知道。记得我一直想看《战争与和平》，后来找到康斯坦斯·加内特的译本，才算了了心愿。”

“他们说她的译文尚有改进的余地，”埃文说，“虽然我不懂俄文，但我相信一定是这样的。尽管你我看的都是译本，但那部小说的确十分精彩，恐怕是最伟大的传世之作了，令人手不释卷、捧读再三。”

“英雄所见略同，”我说，“但对于陀思妥耶夫斯基的作品，你就不能捧读再三了。一次到施伦斯去旅行，我随身带了本《罪与罚》，但是等到把施伦斯的藏书看完，再没有书可看的时候，也无法将《罪与罚》‘捧读再三’。于是我就看奥地利的报纸、学习德语，直至后来找到几本泰赫尼茨版的特罗洛普的书。”

“愿上帝保佑泰赫尼茨！”埃文说。此时，威士忌已失去了那种火辣辣的口感，加进苏打水，只给人以烈性酒的滋味。

“陀思妥耶夫斯基是个坏蛋，海姆，”埃文继续说道，“他最擅长写坏蛋和圣徒。他写出了不少了不起的圣徒。可惜，他的东西你看完就不愿再看第二遍。”

“他的《卡拉马佐夫兄弟》我倒是想再看一遍。也许看第一遍时怪我眼拙吧。”

“这本书有些情节（也许是大部分情节吧）的确值得再看一遍，但这本书再怎么伟大，也会叫你义愤填膺。”

“哦，你我有幸都看过一遍了，就等着出更好的译本喽。”

“你可不要抱太多的指望哟，海姆。”

“不会的。我要重读这本书，只是想受到潜移默化的影响，于不知不觉之中受到感染，深入其中，领会它的内涵。”

“说得好。来，我要用让的威士忌为你鼓劲。”埃文说。

“他送来这么多的威士忌，一定会遇到麻烦的。”我说。

“他已经遇到麻烦了。”埃文说。

“怎么回事？”

“他们眼下正在更换资方。”埃文说，“新来的老板有意招揽新生意，招揽乐意花钱的主儿，打算添设一个美国式的酒吧。侍者要穿清一色的白制服，海姆。他们接到命令，要他们准备把胡子刮干净。”

“对于安德烈和让，那绝对是行不通的。”

“行不通也得行。”

“让留胡子可不是一时半会儿了，早在骑兵团服役时他就留起了这款龙骑兵胡子。”

“如今，他就要忍痛割爱，把胡子剃掉了。”

我把杯中剩下的威士忌一饮而尽。

“再来一杯吧，先生？”让问道，“希普曼先生，你也再来一杯？”他那龙骑兵胡子又浓又密，低低地垂下来，已成了他清瘦、善良的脸的一个不可分割的组成部分，而他光秃秃的头顶亮得发光，上面稀稀拉拉盖着几绺头发。

“别再给我们拿酒了，”我说，“别冒这个险。”

“没事的。”让低声对我们说，“现在这里乱成了一锅粥，许多人都要辞职了。就这样吧，先生们。”他提高嗓门说完最后一句，转身进咖啡馆去了，接着就见他端来了一瓶威士忌、两只大玻璃杯、两个标有十法郎的金边碟子和一瓶德国产的赛尔脱兹矿泉水。

“不敢这样，让。”我说。

他把玻璃杯放在碟子上，满满斟了两杯威士忌，满得几乎都要溢出来了，然后将余下的酒送回咖啡馆里去了。我和埃文往杯子里喷了一点矿泉水。

“陀思妥耶夫斯基不认识让，真是一件幸事，”埃文说，“要不然他可能会因醉酒而死的。”

“这么两大杯，该如何是好？”

“喝下去，”埃文说，“这是一种抗议，是对老板们所采取的直接行动。”

接下来的星期一早晨我去丁香园咖啡馆写作，安德烈给我送来一杯牛肉汁，那是一杯兑了水的浓缩牛肉汁。他身材矮小，一头金发，原来脸上蓄着短而粗的胡子，现在却光秃秃的像个牧师。他穿着一件美国酒吧招待的那种白色上衣。

“让呢？”

“他恐怕明天才回来。”

“怎么啦？”

“他一时还有点想不通。想当年，在第一次世界大战中，他一直都在重骑兵团里服役，曾经获得过十字勋章和军功勋章。”

“我不知道他原来负过重伤。”

“并非因为负伤而荣获勋章。他固然负过伤，但那是另外一种勋章，是嘉奖作战勇敢的战士的。”

“请你转告他，就说我向他问好。”

“没问题。”安德烈说，“他思想闹别扭，但愿别闹得时间太长。”

“请你也向他转达希普曼先生的问候。”

“希普曼先生和他在一起呢，”安德烈说，“他们俩一起搞园艺研究呢。”

第十六章

一个邪恶的特务

埃兹拉离开圣母院大街去拉巴洛，临别时对我说的最后一句话是：“海姆，我要你保管好这瓶鸦片，要等邓宁[1]需要时再给他。”

那是一只装冷霜的大瓶子，我旋开盖子一看，见里面的东西又黑又黏，有一股生鸦片烟的气味。那是埃兹拉从一个印度族长手里买来的，他说是在意大利人林荫大道附近的歌剧院大街上买的，非常昂贵。我心想那东西的源头一定是古老的墙洞酒吧，此酒吧在一战期间是逃兵的避难地，而战后则成了毒品贩子交易的场所。墙洞酒吧是个狭长的弹丸之地，门面漆成了红色，不比意大利人林荫大道上住家户的过道宽多少。过去，酒吧曾有道后门通巴黎的下水道，从那儿据说能直达那些地下墓穴。邓宁的全名为拉尔夫·契弗·邓宁，是个诗人。他抽了鸦片能忘掉吃饭，抽

[1] 美国诗人。

得过量时只能喝得下牛奶。他写的诗是三行体[1]，埃兹拉颇为珍视，觉得他的诗很有味道。他的住处和埃兹拉的工作室在同一个院子里。埃兹拉离开巴黎前的那几个星期，邓宁生命垂危，于是便把我叫去帮忙。

他派人送来的纸条这么说："邓宁生命垂危，请速来帮忙。"

我去时，见邓宁躺在床垫上，看起来像一具骷髅，显然终究会死于营养不良。而我却对埃兹拉说起了宽心话，说能够用优美的语言说话的人很少会死于非命，还说不相信一个用三行诗语言说话的人（恐怕连但丁也做不到这一点）会骤然死去。埃兹拉说他并没有用三行诗体讲过话，我狡辩说他讲话也许听上去像三行诗体——我可能听岔了，因为他跟我说话时，我仍睡意蒙眬。我陪在旁边，邓宁等死等了一夜也没死成，最后只好把这事交给一位医生处理了。于是，邓宁被送进了一家私人诊所去戒毒。埃兹拉保证代他付账，并召集了一批我不认识的诗歌爱好者帮助他，只把在真正紧急关头给邓宁送去鸦片的任务留给了我。这是埃兹拉交给我的一项神圣使命，我心想一定不能辜负所托，在真正紧急关头出手相助。一个星期天的早晨，这一时刻终于来临了。埃兹拉寓所的看门人跑到锯木场来，朝着楼上那扇敞开着的窗子（我这时正在窗前研究赛马表）高声叫道："Monsieur

[1] 但丁《神曲》中所用的诗体，三行为一节。

Dunning est monté sur le toit et refuse catégoriquement de descendre.” [1]

邓宁爬上了工作室的屋顶，死活都不肯下来，这似乎就是真正紧急关头。于是我找出那瓶鸦片，陪看门人顺着大街跑去救援。看门人是个身材矮小、认真负责的女人，被这一突发事件弄得情绪激动。

“先生把需要的东西带上了吧？”她问我。

“当然带了，”我说，“不会有什么问题的。”

“庞德先生什么都想到了，”她说，“他真是仁慈的化身。”

“的确如此，”我说，“我没有一天不想念他。”

“但愿邓宁先生能通情达理。”

“我带了灵丹妙药，能叫他通情达理。”我安慰她说。

我们赶到工作室所在的院子时，只听看门人说：“咦，他已经下来了。”

“他一定知道我要来才下来的。”我说。

我爬上通向邓宁住处门外的阶梯，敲了敲门。他开了门，一脸的憔悴相，看上去高得出奇。

[1] 法语。意思是：“邓宁先生爬上了屋顶，死活不肯下来。”

“埃兹拉要我把这个交给你。”我说道，一面把瓶子递给了他，“他说你会知道这里面是什么的。”

他接过瓶子瞧了一眼，随手便把瓶子朝我扔了过来。瓶子砸在我的胸口上（也许是肩膀上吧），然后滚下了阶梯。

“你这狗娘养的，”他骂道，“你这杂种。”

“埃兹拉说你也许用得着这个。”我辩解说。他扔过来一只牛奶瓶作为回应。

“你真的用不着吗？”我问道。

他又扔来一只牛奶瓶。我连连后退，他扔过来第三只牛奶瓶，击中了我的后背。接着他便关上了门。

我捡起那瓶鸦片（瓶子只是稍微有些裂缝），把它放进了口袋。

“看来他不想要庞德先生的这份礼物。”我对看门人说。

“也许这会儿他该安静下来了。”她说。

“也许他身边还有一些解药，用不着这些吧。”

“唉，可怜的邓宁先生。”她说。

后来，还是埃兹拉组织起来的那批诗歌爱好者又一次跑来帮助邓宁度过了危机。我和看门人的干预没有获得成功。那只据称装着鸦片的瓶子给摔裂了，我用蜡纸将其包好，仔细用线绳扎起来，藏在我的一只旧马靴里。几年后，埃文·希普曼帮我搬家，把东西从公寓里搬走时，发现那双马靴还在，但那瓶鸦片却不见了。我不明白邓宁为什么用奶瓶砸我，觉得很可能是他第一次生命垂危时，我表示不相信他会死，要不就是他天生对我有厌恶感。不过，我记得我把看门人说的那句“邓宁先生爬上了屋顶，死活不肯下来”重复给埃文·希普曼听时，他显得很高兴。他认为其中有几分象征的含义。具体是什么象征的含义，我却看不出来。也许邓宁把我当成了一个邪恶的特务或者警察局的密探。我只知道埃兹拉一心想照顾邓宁，就像他照顾许许多多其他的人一样，而我也是一片好心，希望邓宁真像埃兹拉所说的那样是一位优秀的诗人。话又说回来，邓宁作为诗人，用奶瓶砸人砸得倒是挺准的。若说埃兹拉，那的确是一个出类拔萃的伟大诗人，还打得一手好网球。埃文·希普曼也是一位非常优秀的诗人，对自己的诗是否能出版毫不介意，觉得最好让自己的诗成为一团谜。

“生活中是需要有一些谜团的，海姆。”有一次他对我说，“现在最缺的是完全没有野心的作家以及真正优秀却没有发表的好诗。当然，维持生计却是一个问题。”

第十七章

司各特·菲茨杰拉德

他的才气自然天成，自然得就跟粉蝶翅膀上的图案一样。有一个时期，他和粉蝶没两样，并不了解那些图案，不知道那些图案是何时被抹掉或毁坏的。后来他才意识到自己的翅膀受了损伤，并了解了它们的构造，于是学会了思索。他再也不会飞了，因为对飞翔的那份热情已经消失，只能回忆回忆自己过去毫不费力翱翔的情景。

我和司各特·菲茨杰拉德初次相逢，就发生了一件非常奇怪的事。司各特的怪事迭出，但这一件我却是怎么也忘不了的。那天，我正在德朗布尔大街上的丁哥酒吧，跟一些没有一点名堂的人坐在一起，他走了进来，做了自我介绍，并且介绍了一位跟他一起来的身材高大、和蔼可亲的男子——著名的棒球投球手邓克·查普林。我过去没有关注过普林斯顿的棒球赛，因此从未听说过邓克·查普林。然而，他平易近人、和颜悦色、虚怀若谷、热情友好，跟司各特相比，我喜欢他更多点。

司各特看上去像个少年，面孔既有男性的英俊，也有女性的漂亮，一头金发呈波浪状，额头高高的，眼睛里有一种激昂、友善的神情，嘴巴小巧细长，如果生在女孩子的脸上，称得上是樱桃小口。他的下巴造型很好，耳朵也很漂亮，鼻子几乎可以说是完美无瑕。他的五官组合在一起，原本不能构成一张漂亮的脸，而他的漂亮来自红润的肤色、金黄色的头发和小巧的嘴。那张嘴在你熟识他以前就会引起你的注意，等你熟识了之后便更吸引你的目光了。

我原本就很想见见他，而现在埋头苦干了一整天，却看到他和那位伟大的棒球投球手邓克·查普林突然出现在了面前，简直太奇妙了——邓克·查普林我以前闻所未闻，现在则成了我的朋友。司各特滔滔不绝说个没完，说的尽是我的作品，满口的赞誉之词，弄得我很不好意思，于是我就紧紧盯着他看，索性不再听他讲了。当时业内仍有这么一种说法：当面恭维无异于公开羞辱。司各特要了香槟酒，我们三人就跟那些没名堂的人坐在一起喝了起来。依我看，邓克并没有注意听司各特说话（我也如此），觉得那只不过是即兴闲聊罢了。我目不转睛地仔细打量着司各特，见他身板单薄，健康状况似乎不太好，脸有点浮肿，外穿一身布鲁克斯兄弟服装公司[1]生产的套装，内穿一件领尖钉有饰扣的白衬衫，

[1] 美国知名男士服饰品牌，1818年创建。

脖系一条格尔德公司的领带[1]。至于那条领带，我很想发表一下看法：巴黎的确有英国人，也许有个把英国人会走进这丁哥酒吧（眼前这里就有两个），但没有人会系格尔德领带。后来转念一想不说也罢，于是就又盯着他看了。事后我才知道那条领带原来是他在罗马买的。

现在盯着他看，其实也没有什么可看的了，无非是他身条很好，两手不大不小，显得很能干。当他在一个酒吧高脚凳上坐下的时候，我发现他的两条腿很短——如果是正常的腿，他的个子也许还能再高出两英寸。我们干光了一瓶酒，开始喝第二瓶时，他的话变少了。

这时，我和邓克感觉很好，甚至比滴酒未沾唇时感觉还好。而司各特的唠叨也结束了，情况大妙。之前，我就觉得自己是个了不起的作家，不过这一点秘而不宣，只是我们两口子知道，有时也对老熟人讲一讲。想不到司各特也得出了同样的结论，认为我了不起，真是叫人高兴。不过，他絮絮叨叨的讲话结束时，我也同样感到高兴。可是，他的讲话结束了，提问却开始了。他讲话时，你可以盯着他看，不听他讲，而提问却是想躲也躲不过的。我发现司各特有这么一种观点：小说家可以直接向朋友或熟人提问，以此获得素材。他的提问可谓开门见山、直截了当。

[1] 英国品牌领带。

“欧内斯特，”他说，“我直呼你的大名欧内斯特，你不介意吧？”

“你问邓克吧。”我说。

“别开玩笑，我可是认真的。你和妻子结婚之前，在一起睡过觉吗？”

“我不知道。”

“你不知道，这是什么意思？”

“我记不得了。”

“这么重要的事，你怎么能记不得呢？”

“说不清道不明。”我说，“很奇怪，是不是？”

“比奇怪更糟。”司各特说，“你一定能记得起来的。”

“对不起。很遗憾，是不是？”

“请别像英国佬那样讲话！”他说，“请你严肃一点，回忆回忆。”

“回忆不起来，”我说，“实在没办法。”

“你可以好好想一想，使劲回忆一下嘛。”

他说这话时声音很高。我心想：他平时是不会这般跟别人讲话的。我发现他说着说着就冒汗了——那汗珠很小，是从他那细长的完美的爱尔兰式上唇沁出来的。接着，我把视线从他的脸上往下移，开始目测他的腿之长短（他坐在酒吧高凳上，把腿提了起来）。之后，我将目光又收回到他的脸上。就在这时，奇怪的事情发生了。

他坐在吧台前，手里端着一杯香槟，脸上的皮似乎开始紧绷，使得脸上的浮肿荡然无存，而且越绷越紧，最后像一个骷髅头。只见他两眼凹陷，开始呈现出死人相，上下唇紧合，面无血色（原来的红润变成了蜡白）。这可不是我的凭空想象。他的脸变成了一个真正的骷髅头，或者可以说成了一张死人的面模，就在我的眼前。

“司各特，”我说，“你没事吧？”

他没有回答，脸上的皮看上去绷得更紧了。

“咱们最好把他送到急救站去。”我对邓克·查普林说。

“不用。他没事的。”

“他看起来像快要死了。”

“不会的。他喝了酒就这样。”

我们把他扶上了一辆出租车。我非常担心，但邓克说没事，不用为他担心。“很可能一到家他就好了。”他说。

情况一定如邓克所说。几天之后，我在丁香园咖啡馆和他见面，向他表示歉意，说让他喝酒喝高了，八成是因为说话喝得太猛了。

“你说抱歉是什么意思？我喝什么喝高了？你到底在说些什

么呀，欧内斯特？”

“我是在说那天晚上在丁哥酒吧的情况。”

“那天在丁哥酒吧我屁事都没有，只是不愿搭理和你在一起的那几个瘪三英国佬罢了，所以才打道回府呀。”

“你们去的那次，压根就没有英国佬在跟前。跟前只有吧台侍者一人。”

“得了，别跟我玩花样了。你知道我指的是谁。”

“哦，是吗？”我支吾道，心里觉得他可能自己那天又拐回丁哥酒吧去了，要不就是另外的一天又去了一趟。不，我记起来了，当时的确有两个英国佬在那儿。这是千真万确的！我想起他们是谁了——他们确实在现场。

“是的，”我说，“当然啰。”

“那个冒充贵族的女孩子很无礼，还有跟她在一起的那个傻不拉几的酒鬼也是一路货色。他们说是你的朋友。”

“他们是我的朋友。那女孩有时候确实非常无礼。”

“看到了吧？千万不要因为我喝了几杯酒，你就跟我玩花样。你说话为什么要避实就虚呢？我原以为你不是这种人呀。”

“谁说得清呢。”我敷衍了一句。我不想再谈这个话题，可后来心里有所悟，便随口问道：“他们无礼，是不是针对你的领带？”

“他们为什么要针对我的领带无礼呢？我那天系的是一条普通的黑色针织领带，穿的是一件白色马球衫。”

我听了一时无语。他问我为什么喜欢这家咖啡馆，我把这家咖啡馆的历史讲了一通。这一下，他也开始有点喜欢了。就这样，我们俩坐在这家我非常喜欢，而他开始有点喜欢的咖啡馆里神聊起来。他提了许多问题，接下来就发表自己的见解，有的是针对作家、出版商，有的则是针对代理人和评论家，还谈到了乔治·霍勒斯·洛里默[1]，谈到了作家成名后所遭受的流言蜚语以及生计的窘迫。他愤世嫉俗、语言风趣、态度乐观、魅力十足、和蔼可亲，即便你抱有戒心，他也会拉近跟你的距离。谈到自己的作品时，他轻描淡写，但语气中没有苦涩的成分。我知道他的新作一定非常成功，所以谈到旧作的败笔之处他并不感到苦涩。他想让我看看他的新作《了不起的盖茨比》，说他手头只有一本，借给了别人，一旦收回来就拿给我看。听他谈起这本书，你绝对无法知道它有多么出彩，只可以看到他满脸的羞涩（但凡谦虚的作家写出了非常优秀的作品时都会流露这样的表情）。我说希望他能很快讨回这本书，让我一睹为快。

他告诉我，他从编辑麦克斯韦·帕金斯那儿得知这部书销量欠佳，但评论界好评如潮。记不得是在那一天还是过后许久的一天，他让我看了一篇吉尔伯特·塞尔德斯[2]写的书评，简直把《了不起的盖茨比》捧到了天上。没有人能比吉尔伯特·塞尔德斯的文笔更好了，也没有人那般赞扬《了不起的盖茨比》了。此书销

[1] 美国作家，长期担任著名的《星期六晚邮报》的编辑，发现和培养了许多文学界的后起之秀，成为美国的“伯乐”。
[2] 美国作家、文学评论家。

量欠佳，这叫司各特感到困惑，也让他感到伤心。但他谈到此书，正如我以上所言，话语一点也不苦涩，而是有点害羞，同时为书的质量感到高兴。

这一天，我们坐在丁香园咖啡馆外面的平台上，看着暮色渐浓，观望着人行道上人来人往，观望着傍晚时分那淡淡的晚霞在一点一点发生变化。我们喝了两杯兑苏打水的威士忌，这在他身上没有引起化学变化。我仔细观察着，但是这种变化没有出现。他没有提叫人脸红的问题，没有做使人难堪的事情，也没有瞎唠叨，而是举止正常，完全是一个聪明、可爱的人。

他告诉我，说他跟他的妻子塞尔达因为气候恶劣不得不把他们的那辆雷诺牌小汽车丢在了里昂，问我是否愿意陪他一同乘火车去把那辆汽车找到，然后开回巴黎。菲茨杰拉德夫妇在离北斗星广场不远的蒂尔西特路 14 号租了一个带家具的套间。此时已是暮春，我想乡野正是一派大好风光，旅途一定会叫人心旷神怡。再说，司各特似乎那么和蔼可亲，那么通情达理，看着他喝了满满两杯威士忌什么事也没有，可见他魅力四射、神志正常，这使那天晚上发生在丁哥酒吧的事宛若一场不愉快的噩梦。于是，我说愿意陪他一起去里昂，问他何时出发。

我们说好第二天碰头，接下来便做出安排，准备乘早班快车前往里昂。这班车的发车时间很合适，行驶速度极快，记得中途只在第戎停一次。我们打算进入里昂城，检查一下汽车的车况，如果车况好，便美美地吃上一顿晚餐，第二天一早动身开回巴黎。

这次旅行让我心潮澎湃。我将和一个功成名就的老作家一道出行！坐在车上交谈，我一定会获益匪浅，学到许多有用的知识。现在回想起来觉得奇怪：我竟会把司各特视为老作家。可当时由于没有读过《了不起的盖茨比》，我的确是这么看的。他三年前发表在《星期六晚邮报》上的那些短篇小说是值得一读的，只不过我从不认为他是个严肃作家。他曾在丁香园咖啡馆告诉我那些他自以为得意的短篇小说是怎么创作的，说那些作品对《星期六晚邮报》是佳作，而后来他将那些东西改头换面、乔装打扮，转投给畅销的杂志。我一听惊呆了，说那和卖淫差不多。他说正是卖淫，但也是迫不得已——他从畅销杂志那儿拿到钱，才可以写正儿八经的书。我说我认为一个作家要写就写最好的东西，否则就是白白葬送自己的才华。他说他一开始写的是好东西，后来糟蹋掉了，做了改动，不过终究也不会对他有什么害处的。这我可不相信，想劝他改弦易辙，但又觉得底气不足，认为自己得写出一部长篇来才能说服得了他。可惜我当时还没有写出一部这样的长篇小说。我正致力于打破原有的写作窠臼，摒弃一切写作技巧，力图用塑造事物来代替描述事物，于是写作便成了一种奇妙的事情，然而又千难万难。我真不知自己是不是能写完一部长篇小说——写一个段落，我往往要花整整一上午的时间。

我的妻子哈德莉很高兴我和司各特一道出行。不过，她虽然看过司各特的作品，却并不把他的作品当回事。她心目中的好作家是亨利·詹姆斯。她只是觉得我应该放下案头工作，好好休息一下，出门散散心。其实，我们俩有个心愿：攒足钱买一辆自己的车，开着出去旅行。但这仅仅是愿望，真不知是否能如愿以偿。那年秋天，我的第一个短篇集要在美国出版，我收到了伯尼-利夫莱特出版公司预支的两百美元稿费。眼下，我正把几个短篇卖给《法兰克福日报》、柏林的《横截面》杂志、巴黎的《本季度》和《大西洋彼岸评论》。除此之外，我们省吃俭用，不该花的钱绝对不花，为的是省下钱在7月份去潘普洛纳[1]参加那里的节日，然后去马德里，最后去巴伦西亚参加火祭节。

从巴黎的里昂站出发的那天早晨，我到得早，时间还很充裕，就在上车的站门口等候司各特来。他将把车票带来。列车离站的时间都快到了，他却还没有来，于是我就买了一张可以进站的站台票，沿着列车旁边走着找他，却没有看到他。这时长长的列车快要启动离站了，我便跳上车，在车厢里穿行，希望他已上了车。列车很长，搜到头也没见他的踪影。我向列车员说明了情况，买了一张二等车厢的车票（这趟车没有三等车厢），并向列车员打听里昂最好的旅馆叫什么。此时别无良策，只好到了第戎给司各特发电报了，把里昂那家旅馆的地址告诉他，就说我在那里等他。

[1] 西班牙小城，每年7月份举办历史悠久、举世瞩目的奔牛节。

电报发过去时，他恐怕已经离开巴黎了，不过他的妻子会把电文转给他的。那时我还从未听到过一个成年人居然会错过火车，可是在这次旅行中我算见识到了很多新鲜事。

在那些日子里，我性子坏，是个火暴脾气。不过，列车穿过蒙特罗时，我冷静下来，不再怒气冲冲了，开始眺望和观赏窗外的乡村景色。中午，我到餐车上大吃了一顿，喝了一瓶圣埃美隆[1]红葡萄酒。想一想觉得自己真蠢，接受别人的邀请出门办事，原该由对方掏腰包，现在却成了自费，花的是我们到西班牙旅行的盘缠——这对我实在是一个深刻的教训。以前受邀出去旅行，倒都是 AA 制，平均分摊费用，这一次我也曾提出要分摊住宿费和膳食费。现在可好，我心里没了底，甚至连菲茨杰拉德来不来都不知道了。生气的时候，我不再将他当朋友对待，不再称呼他的名字司各特，而是称呼他的姓菲茨杰拉德。后来幸好胸中升腾起的无名之火发泄一空，也就不再生气了。出门旅行，可不是来找气生的！

抵达里昂后，我得知司各特已离开巴黎来里昂了，但是没有留下话说他住在何处。我把自己的住址告诉了司各特家里的人，女仆说司各特打电话来就通知他，还说司各特夫人身体欠佳，正

[1] 圣埃美隆是著名的世界文化遗产。大约公元 2 世纪，古罗马人开始在这里种植葡萄。4 世纪时，著名的古罗马诗人奥索尼乌斯对该产区醇香的葡萄酒赞誉有加。

在睡觉呢。接下来，我给所有知名的旅馆都打了电话，留了口信，却仍然找不到司各特的踪迹。后来，我走出住处，准备到咖啡馆里喝杯酒，看看报纸。在咖啡馆里我遇见一个以吞火谋生的人，他会用一副没牙的牙床骨咬住硬币，然后用拇指和食指把硬币扳弯。他露出牙龈给我看，那牙龈看上去在发炎，但还坚实。他说他干的这行可是个不赖的行当。我提出要请他喝杯酒，他感到很高兴。他相貌堂堂、皮肤黝黑，吞火时脸上熠熠闪光。他说：目前在里昂靠吞火以及用手指和牙床扳硬币跑江湖卖艺已经挣不到什么钱了，怪都怪那些冒牌货毁了声誉，如果纵容他们这样下去，这一行还会继续走下坡路。他说他整个晚上一直在吞火，可是由于没钱，除了吃火，别的什么也吃不成。我请他再喝一杯，把吞火时留下的汽油味冲掉，并说如果他知道哪里有便宜的好餐馆，我们可以一起吃顿晚餐。他说他知道有一处很好的地方。

我们在一家阿尔及利亚餐馆吃了一顿非常便宜的晚餐。我喜欢那里的饭菜和阿尔及利亚葡萄酒。这位吞火艺人是个挺不错的人。看他吃饭很有趣，因为别人用牙齿咀嚼，而他却用牙龈，且毫不逊色。他问我是靠什么过活的，我说自己是个作家，现在刚起步。他问我写哪种作品，我告诉他是短篇小说。他说他知道许多故事，有些故事比任何人写出过的故事都耸人听闻，简直叫你无法相信。他说可以把这些故事讲给我听，由我写出来，要是赚到钱，随我给他多少都可以。最好我们俩一起到北非去。他将领我去蓝色苏丹[1]，在那里我能采集到人们从没听到过的故事。

我问他都是哪种类型的故事，他说有打仗的，有处决和折磨犯人的，有强奸妇女的，有关于骇人听闻风俗的，也有关于令人无法置信的传统以及放荡淫逸的行为的，反正是应有尽有。吃完饭，我也就该回旅馆了，回去后再查一下司各特的下落。于是我付了饭钱，对吞火人说后会有期。他说他要到马赛去，一路卖艺糊口。我说我们迟早会再次相逢的，还说和他一道进餐心情十分愉快。话别后，我就回旅馆了，而他在摆弄那些硬币，把扳弯的硬币一个一个扳直，堆在桌子上。

夜晚的里昂并非一个特别令人心驰神往的福地，而是一个巨大、气氛沉重、充满了铜臭味的城市。如果你有钱，也许你会觉得它是一方乐土，正是你心中青睐的城市。多年来，我一直听人说这儿餐馆里的鸡肉是一道美味。我们没吃上鸡肉，却吃了羊肉，不过羊肉的味道也相当不错。

旅馆里没有司各特的消息。我回到自己尚不习惯的豪华房间，躺到床上阅读从西尔维亚·比奇图书馆借来的屠格涅夫的《猎人笔记》第一卷。我已经有三年没住过这么豪华的大旅馆了。我推开窗户，把窗户敞得大大的，将枕头卷起来垫在头和肩膀下，乐

[1] 位于非洲东北、红海沿岸、撒哈拉沙漠东端。

悠悠地与屠格涅夫一起游历俄罗斯。读着读着，我就睡着了。第二天早晨，我正在刮脸，准备出去吃早饭，服务台打电话来说有一位先生在楼下要见我。

“请他上楼来吧！”我说完就继续刮我的脸，一边听着外边的市声——那喧闹声一大早就开始了，充满了生气。

来访者是司各特，但他没有上楼来，于是我就下楼在柜台那儿和他见了面。

“非常抱歉，一切都乱成了一锅粥，”他说，“要是我早知道你打算住哪家旅馆，事情就简单了。”

“没关系。”我说。接下来我们要开车走很远的路，目前我只求相安无事。“你是乘哪趟车来的？”

“就是你的车刚开走后不久的那趟。那趟车舒适极了，咱俩要是一道来就好了。”

“你吃过早饭了吗？”

“还没有。我在全城到处找你来着。”

“真遗憾，”我说，“你家里没人告诉你我住在这儿吗？”

“没有。塞尔达身体不适，也许我就不该来。这次旅行到目前为止简直是场灾难。”

“咱们去吃些早点，然后找到你的汽车就走人。”我说。

“很好。就在这儿吃吗？”

“到咖啡馆去吃更快些。”

“可是，在这儿吃，一定能吃上可口的饭菜。”

“那好吧。”

这是一顿丰盛的美式早餐，有火腿和鸡蛋，味道的确十分可口。可是，点菜、等菜，吃完后又等着埋单，花了差不多近一个小时。待侍者把账单送来，司各特又决定让旅馆给我们准备一份自带午餐。我竭力劝他别这么干，因为我肯定到了马贡[1]完全可以搞一瓶马贡葡萄酒喝，可以在熟食店买些食材自己做三明治吃。我说即便我们路过的店铺已经打烊，途中也有的是餐馆，随时可以停车就餐嘛。但他声称听我说过里昂的鸡肉是一道美味，所以应该带一份上路。就这样，旅馆为我们准备了一份午餐，价钱至少比我们在路上花钱买要高出四五倍。

司各特来见我之前显然喝了酒，但还没有喝够，看样子还需要再来一杯，于是我便问他是否在出发前到酒吧喝上一杯。他却声称自己早晨不喝酒，还问我是否也是这样的人。我说早晨喝不喝酒完全取决于自己的感觉如何，取决于要做什么样的事情。他说如果我想来一杯，他就舍命陪君子，免得让我独斟独饮。于是，趁着等待旅馆给我们准备午餐的空儿，我们去了酒吧间，各喝了一杯兑毕雷矿泉水[2]的威士忌，二人感觉都非常好。

[1] 法国勃艮第五大葡萄酒产区之一。
[2] 法国南部产的一种冒泡的矿泉水，毕雷是商标名。

尽管司各特愿意承担一切费用，我还是付了旅馆客房和酒吧的账。这次旅行开始以来，我的心理就有点复杂——付账付得越多，心情反而越加舒畅。虽然节省下来到西班牙旅游的钱在一点点花掉，但我知道自己在西尔维亚·比奇那里享有很好的信誉，因此不管我现在怎样挥霍，都可以向她借了过后偿还。

在司各特存放汽车的车库里，我惊奇地发现那辆雷诺小汽车没有顶篷。顶篷八成是在马赛拆卸时损坏了，要不然就是在马赛由于别的原因坏掉了，塞尔达索性吩咐修理工截掉了顶篷，不愿再安新的。塞尔达讨厌汽车的顶篷。司各特说他和妻子开着没有顶篷的车一路到了里昂，结果在里昂遇雨受阻。虽然没有顶篷，但车况良好。经过讨价还价，司各特付了洗车费、润滑油费以及两公升的汽油费。修理工告诉我，说这辆车需要换新的活塞环，还说这辆车在汽油和水都不够的情况下还继续驾驶，结果造成了损伤。他指给我看，说这车曾经开得发烫，连发动机的涂漆都烧掉了。他说要是我能说服先生到了巴黎换一个新的活塞环，这辆漂亮的小汽车就能按设计要求为车主服务了。

“先生硬是不让我装新顶篷。”他说。

“是吗？”

“作为车主，应该对自己的车负责。”

“是该这样的。”

“你们两位先生都没有带雨具吗？”

“是的，”我说，“我不知道这辆车没有顶篷。”

“你劝劝那位先生，让他认真考虑一下吧！”他恳求道，“至少应该为他的车多想想。”

“好的。”我搪塞地说。

离开里昂后，我们往北开了大约一个小时就遇到了大雨。

那天，我们遇雨就停，大概有十次之多。那些雨大都是短暂的阵雨，也有几次历时较长。如果穿着雨衣，在春雨中驾车飞驰不失为一件乐事。但实际情况是：遇到雨，我们就躲在树下，或者躲进路边的咖啡馆。里昂那家旅馆为我们准备的午餐十分丰富，有味道极佳的带有松露菌味的烤鸡、可口的面包，还有马贡白葡萄酒。每当遇雨停车时，我们就开杯痛饮，喝得司各特乐悠悠的。到了马贡，我又买了四瓶佳酿，想喝时开瓶就喝。

我不知道司各特以前是否就着瓶子喝过酒，反正他现在这样喝酒显得十分兴奋，就像到了贫民区一般好奇，或者像一个大姑娘第一次去游泳却没有穿泳装那样激动。但正午刚过，他就开始担心起自己的健康来了。他告诉我，说最近有两个人死于肺部充血，二人都是在意大利送的命，这使他深受触动。

我告诉他肺部充血只是肺炎的旧名称。他说我是个门外汉，绝对说错了。他说肺部充血是欧洲特有的一种疾病，即使我把我父亲的医书看完，也不可能对此有所了解，因为那些书讲的全是美国才有的疾病。我说我的父亲也曾在欧洲念过书。但司各特解释说，肺部充血只是最近几年才在欧洲出现的，我父亲不可能对此有任何了解。他还解释说，美国的疾病因地而异，如果我的父亲在纽约而不是在中西部行医，那他熟悉的病种就会完全不同。此处，他用到了“病种”一词。

我说关于这一点他说得很对——在美国，某些疾病在一些地区流行，而在其他的地区压根就没有。我举例说，麻风病的发病率在新奥尔良很高，在芝加哥则很低。不过我又说，医生之间有一种知识和信息交流体系。既然他提起肺部充血症，这倒叫我想起自己曾在《美国医学协会杂志》上读到过一篇论述欧洲肺部充血症的权威论文，把该病的历史追溯到希波克拉底[1]的时代。他一听这才不作声了。我便劝他再喝一杯马贡酒，说这种酒是香醪美酿，虽然味道有点浓烈，但酒精含量却很低，几乎可以说是一种防治疾病的特效药。

我这么一说，司各特情绪稍微好了一些，但不一会儿又陷入了低沉，问我能不能在肺部充血症的征兆出现之前赶到一座大城市（我告诉他欧洲型真正的肺部充血症的征兆是发烧和神志昏迷）。关于肺部充血症的征兆，我说那是我在讷伊的美国医院等

[1] 古希腊的名医。

候做喉部烧灼手术时，在一篇法国医学文章上读到的，现在引用的是文章里的观点。不知怎么，“烧灼手术”这个词对司各特起了一种抚慰的作用。不过，他还是想知道何时能赶到城里去。我说如果兼程前进，我们将在二十五分钟到一个小时内抵达。

随后，他问我怕不怕死，我回答说有时怕有时不怕。说话间，滂沱大雨从天而降，我们急忙跑到下一个村子的咖啡馆里躲雨。至于那天下午的细枝末节我已记不清了，反正等我们住进一家旅馆时（肯定是索恩河畔沙隆镇的一家旅馆），天色已经非常晚了，所有的药店都关了门。一进房间，他脱下衣服就倒在了床上，声称至于会不会死于肺部充血他才不在乎呢。只不过，他死了会有一个问题：谁照看塞尔达和小司各蒂？真不知我能不能胜任这个工作——照看我的妻子哈德莉以及幼子邦比我已经够狼狈的了。不过，我说自己将一定会尽力而为，司各特为此对我千恩万谢。我说一定会劝塞尔达不要酗酒，一定给司各蒂请一位英国家庭女教师。

我们把湿衣服送去叫人烘干，换上了睡衣。外边仍在下雨，房间里亮着电灯，让人感到心情舒畅。司各特躺在床上养精蓄锐，准备和疾病进行殊死搏斗。我摸了摸他的脉搏，每分钟七十二跳，摸摸他的额头也是凉凉的。听他的胸音时，我叫他做深呼吸，结果发现他的胸音完全正常。

“听着，司各特，”我说道，“你的身体一点问题都没有。如果你想不出问题，那就最好别感冒，乖乖躺在床上就是了。我给咱俩一人要一份柠檬水和威士忌。你喝柠檬水时服一片阿司匹林，就会感到很舒服，甚至还会驱散你脑袋瓜里的寒意。”

“这是老太太的土方。”司各特说。

“你没有发烧。真是活见鬼！不发烧，怎么会患肺部充血症？”

“别冲我发火。”司各特说，“你怎么知道我没有发烧？”

“你的脉搏很正常。摸你的额头知道你根本没有发烧。”

“摸额头管什么用！”司各特充满怨气地说，“你要是够哥们，就快给我找体温计来。”

“我已经换上睡衣了。”

“那就叫服务员去找。”

我按电铃叫服务员，但没人来，再次按了按还是没人来。于是我就到走廊里去找人。司各特闭着眼睛躺在床上，慢慢地、谨小慎微地呼吸着，面容清秀、脸色蜡黄，像是个死去的十字军小骑士。此时的我对文学生涯已经有点厌倦，真不知自己过的这是什么日子，反正已经懒于动笔创作了，只感到自己在虚度年华，每一天下来都会觉得空虚和寂寞。对于司各特以及他的那种愚蠢闹剧我心生厌恶。但我还是去找到了服务员，把钱给他，让他去买一支体温计，又点了两杯生榨柠檬汁和两杯威士忌。我原想要一瓶威士忌，但他们只论杯卖。

回到房间时，司各特仍在床上躺着，就像一尊给他自己立的雕像躺在他的坟墓上一样，双目紧闭，一呼一吸都是那般庄重严肃。

听见我的脚步声，他开口问道："体温计拿来了吗？"

我走过去，伸出一只手放在他的额头上，觉得他的额头虽然不似墓碑那样冰冷，却也是凉凉的，没有出汗。

"没有。"我说。

"我还以为你拿来了呢。"

"我让人去买了。"

"这可不是一回事。"

"不是一回事。真的吗？"

对待司各特就像对待疯子一样，你是不能跟他生气的。不过，我却生起了自己的气，怪自己不该卷进这件蠢事，落得出力不讨好。他并非杞人忧天，担忧也是有道理的，这我非常清楚。那时候，但凡酒鬼，多有死于肺炎者（这种病现今几乎已绝迹）。可是，要将司各特称为酒鬼却不容易，因为他喝酒喝的量极小。

那时在欧洲，人们认为葡萄酒是一种像食物一样有益于健康的普普通通的饮品，能给人带来愉悦、欢乐和舒畅的感觉。喝葡萄酒并非附庸风雅，也不是招摇过市和赶时髦，而是像一日三餐那般自然，对我而言是不可或缺的。我简直无法想象吃饭时不喝葡萄酒（或者苹果酒和啤酒），那怎么能成。除了甜的或带点甜味的以及太烈性的葡萄酒，我什么样的葡萄酒都爱喝，因此没想到一起喝几瓶相当淡的马贡干白葡萄酒竟会在司各特身上引起化学反应，把他变成了一个傻瓜。

那天早晨我们喝过兑毕雷矿泉水的威士忌。但由于对酒精的危害一无所知，我简直无法想象一杯威士忌竟会对一个在雨中驾驶敞篷汽车的人造成伤害，认为那点酒精在很短时间内就会氧化掉的。

我坐下来看报，等待服务员送东西来，一边把最后一次停车时开了瓶的马贡葡萄酒全灌进了肚子里。在法国，报纸上总有一些精彩的文章报道罪案，只要你住在法国，每天都可以看到。读之犹如连载的故事，但必须从头看起，因为法国人连载这样的故事不像美国人那样附有前情梗概。总而言之，这样的连载与美国期刊上的连载相比简直是小巫见大巫（除非你从头看，看过顶顶重要的第一章）。如果你是观光客，来法国旅游，读报就是一种失望的体验，因为你无法看连载的形形色色的罪案、桃色事件或丑闻，无法享受在咖啡馆阅读这些事件的种种乐趣。要是在巴黎，我可以读一读早晨版的巴黎各报，望一望街上的行人，喝上一杯比马贡酒口碑稍微强一些的葡萄酒，悠闲地等待进餐。可现在要照料司各特，我也就只好随遇而安、苦中作乐了。

服务员来时，送来了两杯加冰块的生榨柠檬汁、两杯威士忌和一瓶毕雷矿泉水。他告诉我说药店已经关门，体温计没买成。他拿来的几片阿司匹林是他向别人借的。我问他能不能想办法借一个体温计。司各特睁开眼，用爱尔兰人的那种恶狠狠的目光朝着服务员瞪了一眼。

“你没告诉他我的病情十分严重吗？”他问我。

“我想他应该是知道的。”

“你应该对他交代清楚才对。”

接下来，我对服务员解释了一通，而对方说：“我将尽力而为。”

“你给他的小费够不够？只有给够小费，他们才肯尽心。”

“这我倒不知道，”我说，“我原以为旅馆会给他们奖金的。”

“依我看，你只有把小费给足，他们才愿意为你服务。大多数服务员都腐败得要命。”

这时，我想起了埃文·希普曼，想起了丁香园咖啡馆的那个侍者，想起丁香园要创建美国式酒吧，逼那个侍者剃掉胡子的事情，想起埃文曾和那个侍者一起在蒙鲁日的花园里弄花务草的情景——这些都是我未结识司各特很久之前发生的事情。那时的我们都是好朋友，大家在丁香园咖啡馆长时间友好相处。我们当时在一起的情景仍历历在目，彼此之间的友谊对我们每一个人都意义重大。我想到要把丁香园咖啡馆的那段情节讲给司各特听（这些情节也许以前跟他提起过），可又觉得他并不关心那些服务人员，不关心他们的死活，不关心他们是否善良和具有人情味。那段时期，司各特讨厌法国人（他经常接触的法国人都是些他并不了解的侍者、出租车司机、汽车修理工和房东之类的人），于是动辄便出言不逊，侮辱他们的人格。

他厌恶意大利人甚至比厌恶法国人更甚，即使在没有喝醉的时候谈起意大利人也会言辞激烈。对于英国人他也常常心怀怨怒，但有时对他们还能宽容一些，偶尔还表现出一丝敬意。至于他对德国人和奥地利人有什么样的感受，我就不得而知了，也不知道他是否接触过德国人、奥地利人或者瑞士人。

这天晚上在旅馆，他显得非常平静，这令我高兴。我把柠檬汁和威士忌混在一起，连同两片阿司匹林递给了他。他二话没说，立刻吞下了药片，镇定得叫人敬佩，随后便慢慢喝酒，眼睛睁得大大的望着远处。我打开报纸，看有关罪案的报道，看得非常开心，恐怕有点过于开心了。

“你是个冷酷的人，是不是？”只听司各特这样问道。我看了他一眼，怀疑自己的诊断出了问题，要不就是药方开错了，或者他喝酒喝糊涂了。

“你这是什么意思，司各特？”

“我都快要死了，你却漠不关心，还在看一份乌七八糟的法国报纸。”

“你是不是想让我请个医生来？”

“不。外省的医生都是庸医，我才不需要呢。”

“那你想要什么？”

“我想量体温，想把我的衣服烘干，然后搭乘快车回巴黎，住进讷伊的那家美国医院。”

“衣服得等到明天早晨才能干。再者，这里是没有快车的。”我说，“何不好好休息一下，在床上吃点晚饭呢？”

“我要量体温。”

我们俩你一言我一语说了很长时间，服务员才把体温计拿来。

“只能搞到这么一支吗？”我问道。服务员进来时，司各特闭着眼睛，有点像眼看就要香消玉殒的茶花女[1]。我从没见过一个人脸上的血色消失得这么快，真不知他脸上的血跑到哪儿去了。

“全旅馆就只有这么一支。”服务员说着，把体温计递给了我。其实，那是一支测量浴缸洗澡水的温度计，安在一块木板上，底座是金属的，可以浸在洗澡水里。我咕咚灌了一口兑过酸汁的威士忌，打开窗子看了一会儿外边的雨景。待我转回身时，发现司各特正盯着我瞧。

[1] 小仲马的长篇小说《茶花女》里的女主人公。

我内行地甩了甩温度计，说道：“你运气好，这不是肛门体温计。”

“这一种该往哪儿放？”

“夹在腋下。”我说着，把温度计夹在了我自己的腋下。

“别把温度指数搞乱了！”司各特说。我猛地朝下一挥胳膊，又甩了甩温度计，然后解开他睡衣上的纽扣，把温度计塞进了他的胳肢窝，接着摸摸他凉凉的额头，又给他诊了脉。他眼睛直愣愣地望着前面。他的脉搏是七十二跳。我叫他夹着温度计，夹了有四分钟的时间。

“我原以为只夹一分钟就够了。”司各特说。

“这是大号温度计，”我解释说，“你得根据温度计的大小决定时间的长短，温度计大，夹的时间就长。还有，这是一个摄氏温度计。”

最终把温度计从他的腋下取出后，我将它拿到台灯下去看。

“多少度？”

“三十七度六。”

“正常的体温是多少？”

“这就是正常的体温。”

“你敢肯定吗？”

“当然敢。”

“你给你自己量量看。我一定要十拿九稳才放心。”

我甩甩温度计，解开自己的睡衣，把它放在腋下夹住，然后看着表计算时间。最后，我取出温度计看了看。

“多少度？”

我仔细看着上面的度数，说道：“完全一样。”

“你感觉怎样？”

“非常好。”我回答说。其实，我心里正在绞尽脑汁回忆三十七度六是否真的正常。不过，这也没什么关系，因为这温度计就没有变化，始终停留在三十度上。

司各特显得有点怀疑，于是我问他要不要我再给他量一次。

“不要了。”他说，“这下可以放心了，心里的疑虑一下子就消除了。我的恢复能力一直都是很强的。”

“你的身体很好，”我说，“不过我觉得你最好还是待在床上别动，稍微吃点东西就睡觉，明天一大早出发上路。”我原打算给我们俩去买两件雨衣，但为此就得向他借钱，而我不想跟他多嘴，于是索性不提。

司各特不想待在床上，而是想起床，穿好衣服下楼去给塞尔达打电话，让她知道他安然无恙。

“她为什么会想到你身体有恙呢？”

“自从结婚以来，我没有一天不跟她在一起睡觉，这还是头一夜，所以我必须跟她通通话。你能明白这对我们俩意味着什么，是不是？”

这我能明白，但就是不明白他跟塞尔达在刚刚过去的那一夜怎么能在一起享受鱼水之欢。不过，和他争这些毫无价值。这时司各特把加酸汁的威士忌一口气干光，要我再去要一杯。我找到那个服务员，把温度计还给他，问我们的衣服烘干了没有，他说大概还需要一个小时就能烘干。我说：“让熨衣工把衣服熨烫一下，这样容易干些。即使不干透也不碍事。”

那位服务员送来了两杯预防感冒的加酸汁的威士忌，我呷着我的那杯，劝司各特也慢慢地喝。我心里直打鼓，担心他患上了感冒。我看得很清楚：假如他真的得了糟糕的感冒，恐怕就得住院治疗。然而，喝了点酒，他一时感到心情舒畅，早将他和塞尔达婚后头一夜不能同床而眠所产生的忧郁忘到了脑后。最后，他再也按捺不住要打电话的冲动，于是穿上晨衣，下楼去和塞尔达通话了。

接通电话是要等一些时间的。他回来后不久，服务员又送来两杯加酸汁的威士忌。司各特开怀痛饮，以前从未见过他喝这么多的酒。酒精没有对他产生别的影响，只是叫他更加亢奋，让他打开了话匣子，滔滔不绝地讲起了他和塞尔达的情缘。他说他和塞尔达相逢于第一次世界大战期间，曾经一度失去了她，后又赢回了她的爱，最终喜结良缘。接下来，他讲述了大约一年前在圣拉斐尔发生在他们身上的一段悲惨往事——塞尔达跟一个法国海军飞行员坠入了爱河。那是一段真实的、令人伤心的往事，我相信里面没有掺水分。对于这件事，这是他的第一个版本，后来他又提供了另外的几个版本，似乎想写入小说。后来的几个版本，虽然有些情节也真实可信，但都不如第一个版本那样催人泪下——我始终相信的是第一个版本。后来的版本一个比一个娓娓动听，但都不如第一个那样能刺痛你的心。

司各特口才特别好，讲故事讲得非常棒。给你写信他会一挥而就，不注意拼写，也不屑加标点，而你不会觉得那是信手涂鸦，也不会觉得他没文化。我认识他已有两年之久，他才能拼写出我的姓名。不过话又说回来，我的姓名很长，拼写起来的确很费劲，你越想拼写出来反而越费劲。所以，对于他最终能准确地拼写出我的姓名，我大加称赞。世界上还有更重要的词语需要他学会拼写，还有许多道理需要他苦苦思索！

话说在旅馆的那个夜晚，他一心想让我知道、理解并欣赏在圣拉斐尔发生的那件事情。我仿佛觉得当时的情景清晰可见，可以看见一架单座水上飞机在司各特他们的木筏上方轰隆作响，可以看见飞机上的充气浮筒，以及浮筒在蔚蓝色海面上投下的影子，看见塞尔达和司各特被太阳晒成了古铜色，两个人都是一头金发（一个颜色较深，一个颜色较浅），看见那个爱上塞尔达的年轻飞行员也被晒得黑黑的。我脑子里有个疑问，但是无法启齿：如果这件事是真的，确实发生过，司各特又怎能每夜都跟塞尔达同床共枕呢？也许正是这一点，使得这个事件比我所听到过的任何一个事件都更叫人感到悲伤。这种伤痛他也许记不得了，就像他记不得昨夜的遭遇一样。

电话尚未接通，我们的衣服就送来了。于是我们穿戴整齐，下楼去吃晚餐。这时，司各特情绪有点不太稳，用好斗的目光斜睨周围的人。我们点了味道鲜美的蜗牛，喝一杯红葡萄酒作为开胃酒。吃蜗牛吃了差不多一半的时候，司各特的电话接通了。他去了大约有一个小时，最后我把他剩下的蜗牛也吃了，用碎面包把黄油、蒜泥和欧芹酱全蘸着吃了，还喝光了那瓶红葡萄酒。等他回来后，我说再给他要一份蜗牛来，他却说不想吃了。他想吃些家常的东西，不是牛排、牛肝或熏猪肉，也不是煎蛋饼，而是鸡肉。中午我们已经吃过冷鸡肉，味道绝佳，不过此处仍属于闻名遐迩的鸡肉之乡，于是我们就点了布雷斯烤鸡[1]和一瓶蒙塔尼酒（本地区出产的一种清淡可口的白葡萄酒）。司各特吃得极少，端着一杯酒慢慢品着，后来不知怎么竟昏了过去，脑袋枕在两只手上。他没有一点做戏的样子，而是很自然——就在昏过去前的那一刹那他似乎很谨慎，不愿碰翻酒水，或打碎玻璃杯。我和服务员急忙将他扶到房间里，让他躺到床上。我为他脱掉外套，只

[1] 布雷斯鸡，产于法国东部布雷斯地区，鸡冠鲜红，羽毛雪白，脚爪钢蓝，与法国国旗同色，被誉为法国的“国鸡”。

剩下内衣，把外套挂好，然后揭下床罩，盖在他的身上。接着，我打开窗子，看到外面天已放晴，便让窗子敞开着。

我回到楼下，吃完晚餐，心里一直惦记着司各特。看来，他就不该喝酒，都怪我没有看护好他。他不管喝什么样的酒，好像都会受到刺激，继而中毒。我痛下决心，决定次日能不喝就不喝，把饮酒量减少到最低程度。我将会对他说，眼看就要回巴黎了，我得有所节制，以便投入写作中。其实这话并不属实。我平时的所谓“节制”是饭后不喝，写作前和写作中间也不喝。待我回到楼上，我把房间里所有的窗户都敞开，然后脱衣睡觉，几乎头一挨枕头就睡着了。

次日天晴日朗，我们驱车穿过科多尔省返回巴黎。雨后初晴，空气清新，山峦、田野和葡萄园都焕然一新，司各特精神振奋、心情愉快、身体健康，对我大讲特讲迈克尔·阿伦[1]的作品，对每本书的情节都如数家珍。他让我注意观察迈克尔·阿伦，说从那个人的身上可以学到许多东西。我说找不到迈克尔·阿伦的作品，他说没必要去寻找，他可以为我讲述迈克尔·阿伦作品的情节，介绍书中的人物。他这一通话说得神采飞扬，好像在宣读一篇博士论文。

[1] 英国散文家、小说家和剧作家。

我问他在他跟塞尔达通话的时候，电话是否畅通，他说通话情况还不错，他们谈了很多事情。途中就餐的时候，我尽量选度数低的酒，点了一瓶最淡的葡萄酒，同时告诉他：如果他不要求再添酒，那就是帮了我一个大忙，因为我回去要写东西，必须有所克制，饮酒量无论如何都不能超过半瓶。他跟我配合默契，看到我不安地望着那唯一的快见底的那瓶葡萄酒，便把他那一份倒了一些给我。

我把他送到家，随即乘出租车返回锯木厂那儿。回家见到妻子，我欣喜万分。随后，我们俩到丁香园咖啡馆去喝酒。我们非常高兴，犹如两个久别重逢的小伙伴。我把这趟旅行的情况讲了讲。

“难道你就没有碰到什么好玩的事情，没有什么收获吗，塔蒂？”她问道。

“至于收获，我要是用心听司各特讲迈克尔·阿伦的作品，倒是会有所得的。收获是有的，我还没有理出个头绪来。”

“司各特玩得高兴不高兴？”

“还凑合吧。”

“可怜的人。”

“我懂得了一个道理。”

“什么道理？”

“出门旅行，千万不要跟你不喜欢的人结伴。”

“是吗？”

“是的。咱们就要到西班牙去了。”

“是呀，离出发不到六个星期了。今年的旅行，任何人都不得毁掉，你说对不对？”

“是的。咱们先去潘普洛纳，再去马德里，然后到巴伦西亚去。”

“嗯……嗯……嗯。”她轻声应道，就像猫叫一样。

“司各特真是够可怜的了。”我说。

“人人活得都不轻松。”哈德莉说，“表面看人五人六，其实都有自己难念的经。”

“咱们算非常幸运的了。”

“咱们可得当心点，别让好运溜走。”

说到这里，我们俩敲了敲咖啡馆桌子上的木块[1]，侍者跑过来问我们要点什么。他哪里知道我们的心愿——他或者任何一个别的人都不知道敲敲木头或大理石（这家咖啡馆的桌面是大理石的）能给我们带来什么。那天晚上连我们自己都不知道，只是感到高兴罢了。

从西班牙归来后过了一两天，司各特给我送来了他那部小说，外面套着花哨的书皮。记得我当时见了那书，为它那刺眼、庸俗和光鲜亮丽的外观感到不舒服。司各特叫我别对书皮反感，说它跟长岛一条公路边的广告牌有关，而这在小说故事中极为重要。

[1] 表示愿好运降临。

他说他原来很喜欢这个书皮，现在却不再喜欢了。我把套在外边的书皮取掉，这才看了起来。

看完这本书之后，我掩卷长思：不管司各特干什么，不管他有多么荒唐的行为，我就权当他在生病，应该倾心帮助他，成为他的好朋友。其实，他的朋友遍天下，比任何一个我认识的人朋友都多。但我愿意成为其中的一员，争取做一个对他有用的人。他的《了不起的盖茨比》非常棒，可圈可点，我坚信他还能更上一层楼，写出更好的东西来。那时我还不了解塞尔达，不知道司各特所处的环境是多么糟糕。但后来不久，我们便明白了那是一种什么样的环境！

第十八章

鹰，不与人分享秘密

司各特·菲茨杰拉德邀请我们去他家，跟他的妻子塞尔达及小女儿一道吃午餐。他们家租住了一套带家具的公寓，位于蒂尔西特路 14 号。那套公寓房我记不清是什么样子了，只记得里面阴暗、密不透风——那儿几乎可以说是家徒四壁，只摆放着一些司各特早期的作品，裹着浅蓝色的皮革封面，书名是烫金字体。司各特还给我们看了厚厚的一个账簿，上面记载着他每一年发表的短篇小说以及拿到手的稿酬，记载着他的作品拍成电影所得的版权税，还有他单行本书籍的销售所得和版税数额。各条各款都记载得一清二楚，就像轮船上的航海日志一样。司各特出示账簿时显得很自豪，但那种自豪感却是非个人的，宛若博物馆的馆长在出示馆里的宝贝。司各特情绪激动、热情，让我们看他的进项，就好像让我们欣赏一道迷人的风景。其实，他家的风景并不迷人。

塞尔达宿醉未消，状况很差。头天夜里他们去蒙马特尔参加晚会，结果吵了一架，起因是司各特不愿开怀痛饮。他告诉我他决心好好写东西，写出点名堂来，所以不能痛饮，可是塞尔达却觉得他大煞风景、败坏兴致。塞尔达当时就用这两个词损他，于是他揭了塞尔达的短。塞尔达矢口否认说："没有的事，纯属子虚乌有，完全是捕风捉影，司各特。"可后来，她好像想起了什么，便哈哈付之一笑。

我们去做客的这一天，塞尔达看上去状态不太好。前一阵到里昂遇雨抛车，她到发廊烫头发，结果把漂漂亮亮的一头深金色的头发给烫坏了。这时的她眼神疲惫，一张脸绷得紧紧的、拉得长长的。

她对我和哈德莉表面上和蔼可亲，实则心不在焉——她早晨才离开那个晚会的会场，而现在她的一大半心思好像还在那儿。她和司各特似乎都以为我和司各特从里昂回巴黎的途中玩得非常愉快，这叫她感到眼红。

"你们俩出去，过的是神仙一样的日子，我留在巴黎和朋友们一起高兴高兴也是天经地义的事情。"她对司各特说。

司各特是个无可挑剔的东道主，但饭菜味如嚼蜡，虽说有葡萄酒能烘托一点气氛，然而情况并没有多大改善。他家的小囡金发碧眼，脸蛋胖嘟嘟的，体态匀称，看上去十分健康，说的英语带有浓重的伦敦口音。司各特解释说给她请了个英国保姆，希望她长大了能像黛安娜·曼纳斯夫人[1]那样说话温文尔雅。

塞尔达有一双鹰一样的眼睛，嘴唇薄薄的，举止和口音带着南方腹地的色彩。你注意观察她的脸，就会发现她的一颗心已经离开了餐桌，去了那场晚会的会场——当她的心思又回到餐桌时，目光茫然，眼神像一只打瞌睡的猫一样，接着便强装笑颜（笑意由嘴角的细纹显露出来，但瞬间便消失了）。司各特热情洋溢，高高兴兴地款待客人，塞尔达望着他，见他在喝酒，不由笑容可掬，鼻子眼都是笑的。后来我才明白她为什么那样笑了——她情知司各特一喝酒便写不成东西了。

塞尔达妒忌司各特的成就，随着我们跟他们熟识，便看出这种情况形成了一种固定不变的模式。司各特决心不去参加那些通宵达旦的酒会，每天做些体育锻炼，有规律地写作。可是，他一旦专心写作，写得顺风顺水的时候，塞尔达就会发牢骚，说日子过得枯燥乏味，接着便拉他去参加聚饮的晚会。他们会吵嘴，然后又和好。喝了酒，他便和我一起长途散步，出一身汗使酒性发散出来。他倒是蛮有决心的，说一定要脚踏实地干一场，重打鼓另开张。可是，旧戏又会重演。他非常爱塞尔达，同时也吃塞尔达的醋。我们俩散步的时候，他屡次三番地跟我讲述塞尔达和那个法国海军飞行员的爱情故事。不过，自那以后，塞尔达再也没

[1] 美国女演员。

有过风流事件，他的醋意也就不那么浓了。今年春天，塞尔达交上了一些女朋友，这使他心里又醋意大发。去蒙马特尔参加酒会，他生怕自己喝得人事不省，也怕塞尔达迷醉于酒乡。其实，“人事不省”一直就是他们的护身符。久经酒场的他们喝一点烈酒或者香槟，全然不在话下，可是他们会装着醉倒，睡得像孩子一样香甜。我亲眼见过他们“人事不省”的样子——不像喝醉了，倒像是被麻醉了。遇到这种情况，他们的朋友（有时会是出租车司机），就把他们扶到床上去。小两口醒来时，会显得容光焕发、兴高采烈，因为他们没有喝多少酒便“人事不省”，身体并没有受到伤害。

如今，他们已经丧失了这种“护身符”。塞尔达的酒量现在比司各特的大。不管是在这年春天结识的朋友们面前，还是到什么地方去，司各特生怕她醉倒。司各特并不喜欢到那些场所去，也不喜欢那儿的人。跟那些人在一起，他必须过量饮酒，必须控制自己的情绪，姑息迁就、忍气吞声。有时他喝酒是为了保持清醒，可末了还是会烂醉如泥，弄得他根本没有时间写作了。

他一次又一次想振作起来投入写作之中，可每一次都会以失败告终。他将自己的失败归咎于巴黎（其实，这座城市是作家从事创作的最理想的地方），认为他和塞尔达应该到一个别的什么地方去，在那儿重新开始生活，过上幸福的日子。

他想到了里维埃拉[1]。那时的里维埃拉还没有大兴土木，到处是风光旖旎的蔚蓝色海洋和连绵的海滩，一片片松林以及埃斯泰雷勒山脉的群山紧紧依偎在大海的旁边。他记忆中的里维埃拉就是这个样子（他和塞尔达最初发现那个地方时，避暑的人群还没有蜂拥而至）。

接下来，他向我鼓吹里维埃拉，推荐我们两口子来年去那儿消暑，告诉我们行程应该怎么安排，还说要为我们找一个价钱便宜的住处。他说到了那里，我们每天可以发奋写作，休息时游游泳，躺在沙滩上晒晒太阳，把皮肤晒成古铜色，午餐和晚餐前各来一杯开胃酒，说塞尔达一定会过得很开心。塞尔达喜欢游泳，潜水潜得特别棒——那样的日子哪会不开心！塞尔达开心了，就会允许他写作，生活就会走上正轨。反正夏天一旦来临，他和塞尔达就带上女儿到那里去。

关于他的写作，我劝他要写就写好东西，千万不要委曲求全去迎合低俗的要求（他亲口对我说他曾这么做过）。

“你已经写出了一部优秀的长篇，”我对他说，“就不要再写乱七八糟的东西了。”

“那部长篇小说销路不好，”他说，“我必须写短篇小说，

[1] 南欧沿地中海一地区，旅游和度假的胜地。

而且必须是能畅销的短篇小说。”

“那就尽量写优秀的短篇，叙事尽量开门见山。”

“这正是我努力的目标。”他说。

但事与愿违——他要真能写出点东西来，就算他走运的了。塞尔达不愿招蜂引蝶，自称不屑搭理那些献殷勤的男子，可又对这种事情很感兴趣，这就叫司各特吃醋了，弄得他只好寸步不离跟着她。这样的生活毁掉了他的写作，而塞尔达最妒忌的正是他的写作。

那年的暮春和初夏，司各特殚精竭虑想写出东西来，但也只能断断续续地写一点。我每次见到他，他总是笑容满面，有时显得有点过于高兴，幽默风趣、妙语连珠。遇到烦心的事，他就讲给我听，我劝他一定要坚持写作，因为他生来就是当作家的料，写作就是天命，至死方休。他听后就自我解嘲，说点俏皮话。我觉得他只要能持之以恒，便不会有什么问题。经过努力，他终于写出了一篇佳作《阔少爷》。我坚信他能写出更好的东西，后来这一点果然应验了。

那年夏天我们去了西班牙。我动手写一部长篇小说的初稿，9 月回到巴黎后完稿。司各特和塞尔达一直待在昂蒂布海角[1]。那年秋天我在巴黎见到他时，他大大变了样。他在里维埃拉没有做到使自己清醒起来，而今不论白天还是夜晚都喝得醉醺醺的。对

[1] 法国旅游胜地。

他来说，写不写东西已经无所谓了。喝醉了，他就跑到圣母院大街 113 号[1] 去——白天喝醉白天去，夜里喝醉夜里去。他开始以非常粗鲁的态度对待地位比他低的人或者他认为比他低的人。

一天，他带着小女儿来我家串门（那位英国保姆休假，由司各特照料女儿）。走进锯木厂的大门，来到公寓楼的楼梯前时，那孩子说她想小解，于是司各特帮她脱裤子。公寓楼的房东住在我们下面的一层，见状便走过来说："先生，前面楼梯的左边有一个厕所。""那又怎么！小心别让我把你的脑袋塞进便池里！"司各特厉声说。

那年整个秋天他都非常难于相处，不过在没喝酒的情况下，他总算开始写作了，写一部长篇小说。我难得看到他不喝酒——但只要他没喝，就总是那么和蔼可亲，乐呵呵地开开玩笑，有时还拿自己当笑柄。一旦灌几口黄汤，他便跑来拿我寻开心，以干扰我的写作为乐，就像塞尔达对待他那样。这种情况持续了好多年，而在那许多年里我没有比司各特（不喝酒时的司各特）更忠诚的朋友了。

1925 年秋季，他想看我的长篇小说《太阳照常升起》的初稿，我不愿让他看，结果惹恼了他。我解释说我必须通篇改写一遍，否则狗屁都算不上，在这之前，不便谈论和展示。我们准备去奥地利福拉尔贝格州的施伦斯，等那儿一下雪就去。

---

[1] 埃兹拉·庞德的工作室所在地。

在施伦斯，我修改了前半部手稿，大概是在第二年的 1 月修改了后半部。之后，我把稿子拿到纽约让斯克里布纳出版公司的主编麦克斯韦·帕金斯过目，而后返回施伦斯对全书进行润色。直至 4 月底我完成了修改润色，把经过删减的稿子寄往斯克里布纳出版公司，司各特才得以见到了这部书稿。记得为此我还跟他开过玩笑，说他一旦遇事就焦虑不安，非得帮人一把才行，可我润色稿件并不需要人帮忙。

住在福拉尔贝格州，我专心修改《太阳照常升起》的手稿时，司各特他们一家离开巴黎，去了下比利牛斯山的一个矿泉疗养地。塞尔达病了，因为喝了过多的香槟而引起常见的肠道不适，当时被诊断为结肠炎。司各特停止了喝酒，开始着手写作。他邀请我们 6 月份去朱安雷宾[1]，说要给我们找一座租金不贵的别墅，声称这一次绝不会再酗酒。他说我们将会像过去那样过快活日子，一起游泳，保持身体健康，皮肤晒得黑黑的，午餐前喝一杯开胃酒，晚餐前也喝一杯。他说塞尔达的身体已康复，他们一家都很好，他那部小说进展顺利；《了不起的盖茨比》改编成话剧上演，卖座不错，他由此拿到了一笔钱，还会卖给电影制片厂，所以他无忧无虑；塞尔达成了贤妻良母，一切都将会井然有序。

5 月，我独自一人南下去马德里写书稿，后来去巴约讷[2]搭乘

[1] 法国东南部的疗养胜地。
[2] 法国西南部一城镇，位于比斯开湾和西班牙边界附近。

火车，坐在三等车厢里返回朱安雷宾，路上饿得心发慌——都怪我把钱挥霍一空，最后一顿饭是在法国和西班牙边境线上的昂代伊吃的。司各特为我们租的别墅很雅致，他家的租屋就在不远处，非常漂亮。看见妻子把房间布置得漂漂亮亮，家里高朋满座，我心里乐开了花。原先饭前只饮一杯开胃酒，这次连饮数杯。当天晚上，别墅管理方为我们举办了一个欢迎晚宴，规模很小，只有麦克利什[1]夫妇、墨菲[2]夫妇、菲茨杰拉德夫妇以及住在别墅的我们俩。晚宴上没人喝烈性酒，只饮香槟，气氛非常欢快。这儿显然是个写作的好地方，应有的都有了，只差静下心来了。

塞尔达有着闭月羞花的容貌，皮肤晒成了金色，妩媚非常，一头秀发呈深金色，待人接物热情友好。她那鹰一般的眼睛清澈而静谧。看得出他们家风平浪静，最终一切都会转好。谁知就在这时，她朝我欠过身，说出了心中的一个秘密：“欧内斯特，你不认为阿尔·乔森[3]比基督还伟大吗？”

当时谁也没有拿这当回事，觉得这不过是塞尔达与我分享了一个秘密而已，就像一只鹰与人分享什么东西那样。岂不知鹰是不与人共享秘密的！司各特再没有写出好作品来，直到他发现塞尔达精神错乱，情况才有所改观。

[1]美国诗人。
[2]美国影星。
[3]美国歌手、电影演员和喜剧演员。

第十九章

一个关于长短的问题

塞尔达发作了所谓的第一次精神崩溃，之后又过了很长一段时间，当时，我们两家碰巧都在巴黎，一天，司各特约我到雅各布路和圣佩雷斯街拐角的米肖德饭店和他一起共进午餐。他说有件非常重要的事情要向我请教，此事对他而言是天大的事，我的回答必须是绝对的实话。我说我将尽力而为。每当他要我针对某事讲绝对的实话，情况往往变得非常棘手。我每次都会“尽力而为”，但说出的话一定会叫他生气（不是当场发作，而是事后牛气，有时是他琢磨了许久之后才生气）。我的话会变成火药桶，有时可能会将他和我一起毁掉。

午餐时他喝了酒（这次不是餐前喝酒），但酒精没有对他产生作用。我们谈写作，谈我们所认识的人。有些人最近没露面，他向我询问那些人的情况。我知道他的人际关系出了大问题，原因是多方面的，但这并非他心里想谈论的事情。我耐心地等待他说出压在心里的事情，以便提供“大实话”的建议。可是他迟迟不肯开口，非得等到饭都快吃完了才一吐为快，就好像做生意请人吃饭一样最后摊牌。

当时，我们正在吃樱桃小馅饼，正在喝最后一瓶葡萄酒。只听他说道：“你知道，除了跟塞尔达以外，我从没跟任何女人睡过觉。”

“不知道。这我倒不清楚。”

“我还以为跟你提起过呢。”

“没有。你提起过许多事情，唯独这一点没提起过。”

“我要向你请教的正是这一点。”

“好呀。洗耳恭听。”

“塞尔达说像我这样的生理状况，绝对无法讨女人的欢心，而这正是叫她郁郁寡欢的根源。她说这是一个关于长短的问题。自从她说了这话之后，我的感觉就截然不同了，所以我必须知道真实情况。”

“那就到办公室验证一下吧。”我说。

“办公室在哪儿？”

“就是洗手间呗。”

我们从洗手间回来，又在餐桌旁坐下。

“你完全正常，”我说，“十分健康，一点毛病也没有。你从上看你的下部，就觉得好像缩短了，其实不然。劝你到罗浮宫去看看那些人体雕像，然后回家在镜子里瞧瞧自己的侧影就知道了。”

“那些雕像的比例也许并不精确。”

“非常精确。这几乎是不争的事实。”

“可是，塞尔达为什么要那样说呢？”

“还不是为了叫你上不了阵呗。这种不战而屈人之兵的战术，是一种老掉牙的策略。司各特，你要我对你讲真话，我也就不兜圈子，直截了当说出了大实话，这对你是有好处的。按说，你应该让医生看看就知道了。”

“我原先就没有找医生的想法，只想听你说一句大实话。”

“那你现在相信我吗？”

“我也说不清。”他说。

“走，咱们上罗浮宫去，”我说，“沿这条街走，过了河就到。”

我们过河去了罗浮宫。他注意察看了那些雕像，可是对自己仍存疑虑。

“说到底，这并非一个一成不变的长短问题，”我说，“而是一个合适不合适的问题，也是一个角度问题。”我建议他垫个枕头和别的一些什么东西，试一试或许对他有用。

“有一个女孩对我非常好，”他推心置腹地说，“可自打塞尔达说了那话以后……”

“别管塞尔达说什么，”我说道，“她的精神是错乱的。你一点毛病也没有。你应该有自信才对，那女孩要你干什么，你满足她就是了。塞尔达说那话只是想毁掉你。”

“那你是不了解塞尔达。”

“好吧，”我息事宁人地说，“这件事到此为止吧。你约我来这儿吃饭，问了我一个问题，我回答时说的都是肺腑之言。”

可是，他仍疑虑重重。

“咱们去看看画展怎么样？”我问，“除了《蒙娜丽莎》，你还看过什么好画？”

“我没心思看画展，”他说，“我约好了要在里茨饭店的酒吧跟几个人会面。”

多年以后，第二次世界大战结束后很久的一天，乔治（司各特住在巴黎时，此人还是里茨饭店酒吧的一名侍者，如今已是该酒吧的领班）问我道：“老爹[1]，人人都向我打听菲茨杰拉德先生，他是什么人呀？”

“难道你不认识他？”

“不认识。那时上这儿来的人我全都记得，唯独不记得他。现在可好，人们只打听他。”

“那你跟他们怎么说？”

[1] 海明威的一个绰号。

“瞎编呗，他们想听什么就说什么，什么能叫他们高兴就说什么。不过，请告诉我，他究竟是怎样一个人？”

“他是20年代初的一位美国作家，后来在巴黎和外国待过一段时间。”

“可我怎么就记不起他来？他算得上是一个优秀作家吗？”

“他写过两本非常棒的书，另外还有一本没有写完。了解情况的人都说他的书精彩极了。他不但写长篇，还写短篇。”

“他常来这酒吧吗？”

“我想是的。”

“可你在20年代初是不来这酒吧的。我知道那时你很穷，住在另一个地区。”

“那时我一有钱就去柯里伦饭店打牙祭。”

“这我也是知道的。咱们俩第一次见面时的情形，我至今仍记忆犹新。”

“我也记得很清楚。”

“奇怪，我一点也记不得他了。”乔治说。

“那些人都死啦。”

“可是，有些人对死去的人仍念念不忘，老是问这问那的。请你把他的情况跟我讲一讲，以后写回忆录时用。”

“我会讲给你听的。”

“那是哪一年来着？记得你跟冯·布利克森男爵[1]有天晚上

[1] 瑞典贵族。

来这里喝酒……”他笑吟吟地说。

“他也死啦。”

“是啊。但我对于他却没有忘。你明白我的意思吗？”

“他的第一个妻子妙笔生花，写东西写得简直棒极了。”我说，“她写过一本关于非洲的书，也许是我读过的描写非洲的最精彩的书——这里面只除了塞缪尔·贝克勋爵所撰写的那本关于阿比西尼亚境内尼罗河支流的书。别忘了把这些写进你的回忆录。谁想你对作家这么感兴趣。”

“好的。”乔治说，“那位男爵可是个叫人难以忘怀的人。那本书叫什么名字？”

“《走出非洲》，”我说，“布利基[1]一直为他第一个妻子的才华感到十分骄傲。其实，那本书尚未问世好久以前我们就认识了。”

“不过，人们只向我打听菲茨杰拉德先生的情况。”

“他来这儿的时候，正是弗兰克当领班。”

“是啊。那时我还是个侍者。你也知道侍者只是个跑腿的。”

“我打算写本书，回顾我早年在巴黎的生活，里面有对他的追忆。我把话说在前边，这本书是一定要写的。”

“非常好。”乔治说。

“我要把我和他初次相逢时的情景原原本本写在书里。”

“非常好。”乔治说，“这一来，要是他来过这里，我会记起

[1] 冯·布利克森男爵的姓氏简称。

他的。毕竟，见过面的人，你是不会轻易忘掉的。”

“观光客呢？”

“那自然会忘的。不过，你说他是这儿的常客吧？”

“这个地方对他有着重要的意义。”

“你就按你记着的情况写吧。要是他来过这里，我会记起他的。”

“到时候再看吧。”我说。

第二十章

巴黎的魅力永不消失

我们的家并非两口之家，而是三口之家。巴黎的冬天寒风凛冽，那刺骨的严寒最终还是逼得我们远走他方。我一个人还好办，只要习惯了，是没有什么问题的。我完全可以去咖啡馆里写作，放一杯牛奶咖啡在面前，写它一个上午——这期间，侍者会打扫厅堂，咖啡馆里会逐渐暖和起来。我的妻子嘛，可以出去教教钢琴，授课处虽然冷，多穿几件羊毛衫保暖，就能弹琴了，然后回家给邦比喂奶。冬天带孩子去泡咖啡馆是行不通的，虽说邦比从不哭闹，只是睁着眼睛观看周围的事物，而且从不厌倦，即便如此也不行。家里没有人照看时，邦比会高高兴兴地躺在装有高围栏的童床上，以一只可爱的名叫"F 猫咪"的大猫为伴。有人说让猫跟婴儿待在一起是很危险的。有的人极其无知，极其抱有偏见，说猫会用嘴堵住婴儿的嘴，活活把婴儿憋死。还有人说猫会卧在婴儿的身上，压得婴儿透不过气，使其窒息而死。每逢我们外出以及钟点女佣玛丽不在跟前时，F 猫咪就跳上童床，卧在邦比的身旁，睁着一双黄黄的大眼睛，虎视眈眈望着房门，不让任何人挨近邦比。没必要请保姆，F猫咪就是保姆。

那时我们穷，穷得叮当响——我放弃了新闻工作，拖家带口从加拿大来到巴黎谋生，写的短篇小说一篇都卖不出去，带着孩子过冬，真是苦不堪言。想当初，我们一家乘坐肯纳德轮船公司的一艘小轮船横渡北大西洋，从纽约经哈利法克斯航行十二天，于1月份来到了这里。那时的邦比先生才三个月大，途中没哭过一声。遇到风暴，我们就把他放在床铺上，用被褥将他围起来，怕他掉下床，而他乐得咯咯直笑。而巴黎的冬天对他而言真是太冷了。

于是我们便登程前往奥地利福拉尔贝格州的施伦斯。穿过瑞士，我们到达奥地利边境的菲德科尔契，然后火车继续行驶，穿过列支敦士登公国，在布卢登茨停了下来。这里有一条铁路支线，沿着一条有卵石河床和鳟鱼的河蜿蜒穿过一条有农庄和森林的山谷到达施伦斯。施伦斯是一座阳光明媚的集市城镇，镇上有锯木厂、商店、小客栈和一家很好的一年四季营业的名叫“鸽子”的旅馆。我们就在这家旅馆住了下来。

旅馆的房间大而舒适，有大火炉、大窗户和大床，床上铺着高质量的毯子和鸭绒床罩。饭菜简单但非常可口，餐厅和木板铺地的酒吧间内火炉生得旺旺的，给人以宾至如归之感。山谷宽阔而开敞，因此阳光充足。我们三个人的膳宿费每天大约两美元，随着奥地利先令由于通货膨胀而贬值，我们的房租和伙食费不断地在减少。这儿没有德国那样的能将人逼入绝境的通货膨胀和贫困现象。奥地利的先令时涨时落，但就其长期趋势而言则是下跌的。

施伦斯没有送滑雪者上山的缆索吊椅，也没有登山缆车，但是有运送原木的小路和放牛的羊肠小道，从各个山谷抵达高山之巅。你得带着你的滑雪板徒步登山，不断往高处爬。山上积雪太厚，你可以在滑雪板的底部包上海豹皮，借助滑雪板朝上爬。山谷的顶上有阿尔卑斯山俱乐部建造的大木屋，是供夏季爬山者休息用的。你可以在木屋里住宿，烧多少木柴留下多少钱就行。有些木屋里没有木柴，如果你准备在崇山峻岭和这冰川地区长期待下去，你得自备木柴。你可以雇人给你驮运木柴和给养，建立一个基地。这些高山基地木屋中最著名的是林道屋、马德莱恩屋和威斯巴登屋。

鸽子旅馆后面有一道供练习滑雪用的山坡，顺坡而下会经过一个个的果园和一片片的田野。山谷对面查根斯后面另有一道山坡，也是练滑雪的好地方。那边有一家漂亮的小客栈，它的酒屋墙上挂着一些优质的羚羊角。查根斯是个以伐木为生的小村庄，位于山谷那头的边上，村后有一条优良的滑雪道，从这条滑雪道上山，在群山中穿行，翻过西尔维雷塔山脉，便进入了克洛斯特斯城地区。

施伦斯对邦比来说是一个有益健康的地方，有个漂亮的黑发女孩每天带他出去滑雪橇、晒太阳，无微不至地照料他。我和哈德莉则忙于参观和游览，到各个村子里了解风土民情。这里的居民待人非常友好。瓦尔特·伦特先生是高山滑雪的一位先驱者，曾经一度和阿尔伯格的那位伟大的滑雪健将汉纳斯·施奈德合作，制造滑雪板用的蜡，在各种条件下滑雪都可以使用。这时他正开办一所高山滑雪训练学校，我们俩都报名参加了。瓦尔特·伦特的教学法是先让学生在山坡上练习，鼓励他们尽快离开训练场到高山上去滑雪旅行。那时的滑雪和现在的不一样，股骨螺旋形骨折的现象并不常见，再说，你把腿摔断了，是出不起医药费的。那时，没有滑雪区巡逻急救队这种组织。你要从山上往下滑，那你得先爬上山。爬山锻炼了大腿的肌肉，滑雪下山时就能够适应了。

瓦尔特·伦特认为滑雪的乐趣在于到高山的巅峰去施展身手，那儿渺无人迹，是一个从未有人践踏过的冰雪世界。你可以从阿尔卑斯山上的一个高山俱乐部的木屋，翻过阿尔卑斯山的那些山巅隘口和冰川，一路滑行到另一个木屋。你的滑雪板绝不能系得太紧，以防摔倒时会弄断你的腿。这样，你摔倒时滑雪板会自行脱落。他真心喜爱的是身上不系绳索到冰川上滑雪，但必须等到春天才能去——春天，冰川上的裂缝会被白雪填实。

我和哈德莉第一次滑雪是在瑞士，一滑就迷恋上了，后来又去多洛米蒂山区的科尔蒂纳丹佩佐滑。去科尔蒂纳丹佩佐时，邦比都快要生了。米兰的医生说只要能保证哈德莉不摔倒，就允许她滑。这就必须极其小心地选择地形和滑雪道，并绝对控制好滑行速度，幸亏哈德莉的腿又漂亮又出奇的结实，能很好地操纵滑雪板，因此没有摔跤。话说滑雪训练学校里的学员，人人都熟悉各种不同的雪地状况，都能够在干粉一般的厚雪中飞速滑行。

我们喜欢福拉尔贝格州，对施伦斯也情有独钟。感恩节时我们就到那儿去，在那儿一直待到临近复活节。施伦斯的山势并不是特别高，除了下鹅毛大雪的冬天，那儿并非滑雪运动的理想之地，但去那儿的滑雪客总是络绎不绝。其实登山也是一种乐趣，只不过那年头没人往心里去。你只需确定自己登山的步子，不要走得太快，登山就会变得轻松自在——你会感到心情舒畅，为自己能背着背包负重前行而自豪。头一次攀登到马德莱恩屋那儿，你会觉得山势陡峭，步步难行。第二次攀登会容易一些，最终，即便你背的背包比第一次重一倍，也会觉得攀登那段山路是小菜一碟。

在施伦斯，我们老是饥肠辘辘的，每次吃饭都成了大事。饮酒时，我们喝淡啤或黑啤，也喝新酿的葡萄酒（有时是存了一年的陈酿）。说起来，白葡萄酒是最棒的。其他的还有当地酿制的樱桃酒和用高山龙胆蒸馏而成的美酒。至于晚餐，我们有时吃瓦罐炖野兔肉（里面加入浓浓的红酒），有时吃鹿肉（里面加入栗子酱汁）。佐餐酒我们往往喝红葡萄酒，即使它比白葡萄酒贵——上好的红葡萄酒要二十美分一升，但一般的要便宜得多，因此我们到马德莱恩屋时就带上几小桶。

我们会随身带来一批书，那是西尔维亚·比奇借给我们冬天看的。闲时，我们就到旅馆夏季花园的空地上去，跟镇上的人打木球玩。我们有时会到旅馆的餐厅里用纸牌赌博，每星期一两次——赌博时会门窗紧闭，因为聚赌在奥地利是严令禁止的。我的赌伴有旅馆老板内尔斯先生、阿尔卑斯山滑雪学校的伦特先生，还有镇上的一位银行家、一位检察官和一位警官。赌场上丁是丁卯是卯，来不得半点含糊。大家出牌都有君子之风，唯独伦特先生总想赢钱，有点猴急，因为滑雪学校根本赚不到钱。那位警官警惕性很高，一听到巡逻的警察在门外留住了脚步，便举起一个手指叫大家不要出声，于是我们一声也不吭，直至巡逻警察离开。

每天天一亮，女服务员就会进入我们的房间关闭窗户，将寒气关在外边，然后在那个硕大的瓷炉里生起火，让房间里暖和起来。我们的早餐有刚出炉的面包或烤面包片，有美味的蜜饯水果、大碗的咖啡和新鲜鸡蛋，如果想吃的话，还有香喷喷的火腿。旅馆里有条狗名叫施瑙茨，它就睡在我们的床脚边，喜欢跟我们一道去滑雪——滑着滑雪板下山时，我就背着它，或用肩膀驮着它。它也是邦比先生的朋友，常陪邦比及保姆外出溜达，跟在小雪橇旁边跑。

施伦斯是一个写作的福地，对此我深有感受。我曾经用六个星期的时间写出了《太阳照常升起》的初稿，1925年和1926年之间的冬天来到施伦斯对初稿进行了修改，使其成为一部像样的长篇小说——那可是一项最为艰巨的工作。在这里，我还创作出了一批短篇小说，有几篇后来反响还不错，只不过那批小说的名字现在已记不得了。

想起那段时光，我记得我们晚间滑雪归来，扛着滑雪板和滑雪杆冒着寒冷回旅馆，踏在村路的积雪上，脚下咯吱咯吱作响，但见远处灯火通明，走着走着便看见了一户户的农舍。路上遇见行人，他们就热情地跟我们打招呼。村子的小酒馆里总是挤满了村民，一个个足蹬底部钉着钉子的长筒靴，身穿山民服。酒馆的屋里烟雾缭绕，木头地板上满是钉子留下的印痕。许多年轻人在奥地利阿尔卑斯团队中服过役，其中有一个叫汉斯的退役后在锯木厂工作，是个出了名的好猎手。我们成了好朋友，因为我们俩都曾在意大利同一个山区待过，有过相同的经历。我们一起喝酒，一道唱山区的歌谣。

如今我仍记得那一条条滑雪道，穿过果园和村后山坡上的农田，记得那一户户温暖的农舍，家家都生着大炉子，门外的雪地里存放着大堆的木柴。妇女们在厨房里梳理羊毛，把羊毛纺成毛线，有灰色的，也有黑色的。她们纺线机的轮子由脚踏板驱动，毛线不用染色——黑线用黑羊的毛纺成，灰线用灰羊的毛纺成，都是纯天然的，还保留着羊毛的油脂。哈德莉用这种毛线编结成的帽子、毛线衫和长围巾沾了雪也不会湿。

有一年圣诞节，镇上演出了汉斯·萨克斯[1]创作的一出戏，由小学校长执导。演出获得了成功，我为省报写了一篇剧评，由旅馆主人译成德文。另外有一年，来了一位剃着光头、脸有伤疤的德国前海军军官，做了一次关于日德兰海战[2]的演讲，还用幻灯片展示双方舰队的作战部署。这位前海军军官用一根台球杆指着幻灯屏幕解释战况，历数杰利科[3]的懦夫行为，有时义愤填膺，嗓子都喊哑了。小学校长生怕他会用台球杆把屏幕都戳穿。演讲结束后，这位前海军军官到酒馆里喝酒，仍久久难以平静下来，弄得酒馆里的人都惶惶不安。只有检察官和那位银行家愿意陪他一起喝酒，他们坐在一张单独的桌子那儿。伦特先生是莱茵兰[4]人，不愿听这位军官的演讲。有一对从维也纳来的夫妇，是来滑雪的，声称不愿去高山地区滑雪，于是便离开这里去了苏尔斯，听说他们在那里的一次雪崩中丧了生。那个男的在施伦斯时曾说这位演讲的前海军军官是个蠢猪，正是这些人毁掉了德国，他们在未来的二十年还会让德国陷入灭顶之灾。当时，那个女的在旁边，用法语叫他闭上嘴巴，说这里是个小地方，鬼知道会出什么事。

那一年雪崩频发，死了很多人。第一次大雪崩发生在阿尔贝格山隘以北莱希的山上，离我们住的山谷不远。当时，有一批德

[1] 德国16世纪著名的民众诗人、戏剧作家。
[2] 英国和德国在日德兰半岛展开的战役。
[3] 英国舰队司令。
[4] 在历史上，莱茵兰是个有争议的地区，曾经划归法国。此处隐指伦特先生是个反战人士。

国柏林人趁圣诞假期想上这儿来跟伦特先生一起滑雪。那年雪下得晚。当鹅毛大雪飘下来时，连绵的群山由于日照的缘故还是温暖的。雪积得很厚，像干粉那样，根本没有和地面凝结在一起。这种情况滑雪是再危险不过了。伦特先生发电报，叫那些柏林人不要来。但他们说一定要来度假，简直无知极了，对雪崩毫无畏怯之心。他们来到莱希后，伦特先生拒绝带他们出发。其中的一个柏林人骂他是胆小鬼，说没人领队他们就自己去。最后，伦特先生只好带他们去了，尽其所能，把他们领到了一个最安全的山坡上。他自己先滑了过去，其他人尾随其后。突然间，整个山坡的雪一下子崩塌下来，像潮水般淹没了他们。经抢救，挖出了十三个人，其中九人已经死去。那家阿尔卑斯山滑雪学校在出事前就并不兴旺，而事后我们几乎成了仅有的学员。我们成了钻研雪崩的专家，研究不同类型的雪崩，研究如何躲避雪崩以及遭调雪崩时该怎样逃生。那年我写的大部分作品都是在雪崩频发期完成的。

记得在那个雪崩频发的冬天，最惨的要算雪崩后被挖出来的一个人了。事故发生时，他呈蹲伏状，两条胳膊抱在头前，形成一个小空间——此为训练学校传授的逃生法，为的是被雪掩埋后有呼吸的空间。那是一次大雪崩，要把每个人都挖出来得花很长一段时间，而这个人是最后一个被发现的。他死了没多久，脖子给磨穿了，筋和骨头都露了出来。他曾顶着雪的压力把头摆来摆去。在这次雪崩中，滚下来的有瓷实的陈雪，也有松散的新雪，就这么压在了他头上。真不知他摆头是有意而为之，还是精神错乱导致的。当地的牧师不同意将他埋在神圣的教徒墓地，因为没有人可以证明他是天主教徒。

在施伦斯居住期间，我们经常跑老远的路到山上的那个小客栈去过夜，次日翻山越岭前往马德莱恩屋。那家客栈是老字号，非常漂亮，饭厅的木墙壁由于常年擦拭，像绸缎一样闪闪发亮。桌子和椅子也都是这样。我们把卧室的窗子打开，两人紧挨着睡在大床上，身上盖着羽毛被子，觉得星星近在咫尺，一颗颗都亮晶晶的。次日清晨吃过早餐，我们整装上路，开始摸黑爬山，头顶闪闪发亮的群星，肩扛滑雪板。随行的脚夫带的滑雪板很短，背负的行囊却很沉重。我们之间展开竞赛，看谁爬山时背的东西最重。不过，任何人都比不过那些脚夫——那些脚夫是当地的农民，身材敦实、少言寡语，只会说当地的蒙塔丰河谷方言，爬起山稳稳当当，就跟运辎重的马一样。到了山顶，只见那阿尔卑斯高山俱乐部位于白雪覆盖的冰川旁，建在一块突出的岩石上，脚夫靠着俱乐部的石墙卸下背囊，接着便索要劳务费，数目比商定好的要多。一旦把钱拿到手，他们便踩着短短的滑雪板如飞而去，快得就像一阵风。

我们的朋友中有一个德国姑娘，她陪我们一起滑雪，是个高山滑雪的高手。她身材娇小，体态优美，背的行囊跟我的一样重，而且背的时间比我长。

“那些脚夫老是用古怪的目光看人，就好像巴不得咱们摔死，然后将咱们的尸体背下山去。”她说，“上山前，价钱由他们定，但末了每次都坐地涨价。”

在施伦斯过冬，我留了大胡子，以防高山雪地上的阳光太强把脸灼伤，索性连头发也懒得去剃了。一天下午，天色已经很晚了，我踩着滑雪板沿着运送木材的雪道下山，伦特先生见了我说，在施伦斯山上有些农民遇见过我，称我是“黑脸基督”。他说还有些人在酒馆里见过我，把我叫作“喝樱桃酒的黑脸基督”。而在蒙塔丰河谷又高又远的另一端，我们雇来协助我们到马德莱恩屋的那些农民，却把我们看作洋鬼子，觉得我们是“明知山有虎偏向虎山行”，削尖脑袋也要往高山里钻。我们不等天亮就出发，怕的是太阳升起后会在我们通过雪崩地段时给我们带来危险。这种做法并没有赢得他们的称赞——他们觉得我们只是耍耍小心眼，跟其他的洋鬼子没什么两样。

嗅一嗅松林的气味，到樵夫的小屋去睡一睡那儿山毛榉树叶铺成的褥垫，在森林中循着野兔和狐狸出没的小径滑雪，那种感觉我至今仍记忆犹新。记得有一次我追踪一只狐狸的踪迹，爬上高山，爬到树木生长线以上的地段，最后终于看到了它。只见它站立起来，右前脚抬得高高的，小心翼翼地停下不走了，随即突然一跃而起，只听得扑啦啦一声响，雪雾纷飞，一只松鸡从雪地蹿起，越过山头飞走了。

记得山风一刮，雪地就起变化，使得滑雪险象环生、危机四伏。住在高峻的阿尔卑斯山上的木屋中，遇到暴风雪，会叫世界大变样，出门滑雪就得谨慎择路，仿佛步入了一个从未见过的新区域（的确到了一个从未见过的地方，因为周围的一切都变了模样）。快到春天的时候，我们就到冰川上纵情地滑雪，平稳地、直直地滑，只要两腿站牢便可以保持这种态势。我们将脚踝并拢，弯下腰，身子前倾，飞速前进，一个劲朝山下俯冲，只听见脚下又干又脆的雪粉丝丝作响。那种感觉像展翅飞翔，又比飞翔更加美妙，简直是无与伦比地美妙！我们练就了一身本事，而这种本事在长距离负重爬山时也得到了施展。要想翻山越岭，靠花钱是办不到的——没有到那儿去的入场券！鉴于此，我们一冬天都在刻苦训练，逐渐积累经验，一心要实现自己的目标。

我们在山区居住的最后一年，一些不速之客闯入我们的生活，使得一切都跟从前不一样了。那个雪崩频发的冬天与接下来的那个冬天相比，倒像是童年时代的一段快乐、天真无邪的时光——后者表面看光鲜亮丽，实则是一场梦魇。随之而至的是一个害人匪浅的夏天。就是在那一年，山里来了富贵人。

富贵人有“先行官”为他们鸣锣开道——“先行官”耳朵或许有点聋、眼睛有点瞎，但总是会叫人感到一种和蔼的气息，叫人听到他们犹豫不决的话语。他们的开场白可能会是这样的：“哦，我也说不清，是的，真的说不清。反正我就是喜欢他们，他们俩我都喜欢。可以对天发誓，海姆，我确实喜欢他们。我明白你的意思，可我真心喜欢他们。她身上有一种迷人的魅力。”（他说出了她的芳名，语气含情脉脉。）“得了，海姆，别犯傻了，也别那么别扭。我真心喜欢他们。我发誓，他们俩我都喜欢。你一旦了解了他就会喜欢他的（这位‘先行官’说出了他的乳名），我打心眼里喜欢他们俩。”

富贵人一来，情况便会大变。至于那个“先行官”嘛，当然拍屁股走人了。这种人无孔不入，来无影去无踪，在任何一个地方都待不长。他出入政界或者戏剧界，跟他早年出入国门和出入人们的生活一样轻松自如。他从不上别人的钩，从不入有钱人的彀。他不上钩，却让信任他的人上钩，导致对方家破人亡。他早年混迹江湖，练就了一身无可替代的招摇撞骗的本事，对金钱有着难以满足的贪欲。他一块钱一块钱地积累财富，最终赚得盆满钵满。

富贵人喜欢他、信任他，因为他腼腆、诙谐、令人难以捉摸，已经有所建树，还因为他是一个从不出错的“先行官”。

遇到这样两个人（他们彼此喜欢，一副快活、欢愉的劲儿，一个人很有造诣，或者两个人把事业都干得风生水起），人们势必会被他们吸引，就像候鸟在夜间被明亮的灯塔吸引一样。如果这两人意志坚强，就不会受到伤害，而像灯塔一样，只会对那些候鸟造成伤害。有些人快快活活的，事业小有所成，的确招人羡慕，但他们缺乏生活经验。他们不懂得如何不遭人算计，不懂得如何脱身。他们不太了解那些看上去落落大方、具有迷人魅力、人见人爱、慷慨大度、善解人意的富贵人——那些富贵人心眼并不坏，赋予每一天节日的气氛，可是一旦离去，便会带走自己所需要的养料，所过之处比阿提拉[1]马队的铁蹄践踏过的草原更加了无生气。

富贵人跟在“先行官”后边姗姗而至。要是在一年前，他们是不敢来的，因为他们心里还没有底。那时，他们虽然事业有成，也有一副快活的劲儿，但毕竟没有写出一部长篇小说，所以心虚。对于缺乏把握的事情，他们绝不会浪费宝贵的时间和魅力。正所谓不见兔子不撒鹰！毕加索是有底气的——早在他们尚未了解绘画之前，毕加索就已经成就斐然了。还有一些画家也是早就有底气了。不过，今年他们终于来了底气，于是便叫“先行官”来探风声，免得让我们觉得他们是不速之客。“先行官”自然是我们的朋友，由他给富贵人通风报信，说我不会跟客人过不去的。

在那些日子里，我信任“先行官”，就像笃信修订版的《水文局地中海航行指南》或者《布朗氏航海年鉴》中的那些一览表。我被富贵人迷得颠三倒四，对其倾心相信，就像一条傻乎乎的捕鸟的猎犬，见谁拿支猎枪出门，跟在其屁股后面就走，或者像马戏班里登台表演的小猪，竟以为观众只喜欢它一个，仅仅欣赏它

[1] 匈奴王，曾多次侵扰西方，令西方人见之色变。

一个的演出。我喜悦地发现每一天都和过节一样。我甚至把那部长篇小说刚刚修改完的一部分拿出来高声朗读——对一个作家而言，这是一种极蠢的行为，比身上不系绳索就在隆冬的大雪还没有覆盖冰川的裂隙之前上冰川滑雪还要危险得多。

富贵人赞赏地说：“了不起，欧内斯特，真是了不起！想不到你写出了这么好的东西！”我高兴得直摇尾巴，一门心思觉得生活就像过节，光想着要将抛出去的棍子叼回来以取悦主人，全然没有“这是怎么回事，这些杂种怎么会喜欢我的作品？”这样的念头。当时，如果我从专业作家的角度思考问题，一定会产生这种念头的；如果我从专业作家的角度思考问题，也不会把书稿念给他们听了。

在这几个富贵人未来之前，另有一个富贵人靠着极其古老的手腕打进了我们的朋友圈。事情是这样的：一个未婚的年轻女子跟一个已婚的年轻女子一见如故，结为好友，于是这位未婚女便和已婚女及其丈夫住在了一起。未婚女有一个小算盘，那就是装出天真无邪的样子，毫不留情地施展美人计，于不觉之中赢得那位丈夫的欢心，最终嫁给他。那位丈夫是个作家，正在艰难地砥砺前行，忙得焦头烂额，腾不出时间来陪伴自己的妻子，等到醒悟过来，木已成舟。那位丈夫写完了书稿，身边已有两个迷人的女子陪伴左右了（一个是素昧平生的新人）。如果他运气不好，那他会两个都爱的。

于是便有了这样一个家庭——不是一男一女和他们的孩子，而是一男两女。起初，这样的日子刺激性大，充满了乐趣，有声有色过了一阵子。世间万般邪恶的事情开始的时候都显得天真无邪。日子一天天过下去，你得过且过，今日有酒今日醉。你自欺欺人，在一天天深陷泥潭——每一天都像在硝烟弥漫的战场上出生入死。

我觉得有必要离开施伦斯，到纽约去再寻找一下出版商，安排新书的出版。在纽约办完事回到巴黎，我原应该从巴黎东站乘上第一班火车前往奥地利与妻子会合。但我爱上的那个姑娘[1]当时正在巴黎，于是我就没有走——没有乘第一班车，也没有乘第二班或第三班车去奥地利。

我再次见到妻子是在福拉尔贝格州的火车站，她来车站接我。当火车徐徐驶入堆满原木的车站时，只见她就站在铁轨边。我心里顿时涌起对她的爱，觉得自己宁愿死也不会再去爱别的女人了。她微笑着，阳光洒在她那妩媚的脸上（那张脸被冰雪世界的太阳晒成了古铜色），体态婀娜，一头秀发在阳光下金色中透着红（那一头秀发经过这一冬大显得有点凌乱，但极其美丽）。邦比先生站在她身边，金发碧眼，敦敦实实，像个福拉尔贝格州土生土长的孩子。

[1] 指海明威的第二任妻子宝琳·费孚。

“见到你太高兴了，塔蒂！”我把她抱在怀里时，她这样说道，“你终于回来了。你这一趟把事情办得非常圆满。我爱你，我们想死你了。”

那时，我是真心爱她的，别的女人我一个都不爱。于是我们耳鬓厮磨，度过了一段令人心醉的时光。我写作时思如泉涌，和她出游时快快乐乐。我觉得我们俩又成了一对棒打不散的鸳鸯。后来，我们在暮春时分离开山区回到了巴黎，这时风波又起。

至此，我在巴黎第一阶段的生活便画上了句号。尽管人在巴黎，但巴黎已不再是从前的那个巴黎——城市在变，人在变。我们再也没有到福拉尔贝格州去过，那个富贵人也没有再去过。

巴黎的魅力是永远也不会消失的。凡是在那儿住过的人对它都有着丰富多彩的情怀。不管你是谁，不管这座城市发生了什么变化，你离开了巴黎后一定还会回去——不管遇到什么困难，你一定会回去的！巴黎值得你留恋和向往——在那儿你耕耘，必定会有回报！以上就是我们在巴黎早年的生活——那时的我们贫穷但欢乐。

（全书完）

如果你有幸在年轻的时候去过巴黎，在那儿生活过，那么它会如影随形跟着你，伴你终生——巴黎就是一席流动的盛宴！

——海明威在 1950 年对一位好友如是说